SCHLESIEN

...... *Wojewodschaftsgrenze*

18°

Kalisch

Katla

Prosna

N

51°

Militsch

achenberg

Gr. Wartenberg

Kemper

Werthe

ebnitz

Katzengeb.

Oels

Weide

Namslau

Kreuzburg

Liswarte

Tschenstochau

AU

Ohlau

Stober

Rosenberg

Brieg

Oder

Guttentag

Lohe

Ohle

Malapane

Strehlen

Grottkau

Falkenberg

Oppeln

Himmelwitzer W.

Tarnowitzer Höhen

eichenbach

Gr. Strrehlitz

Tarnowitz

Annaberg

Beuthen

Sosnowiec

egenbielau

O B E R S C H L E S I E N

Hindenburg

Klodnitz

Gleiwitz

Frankenstein

Münsterberg

Königs hütte

Kattowitz

Neiße

Cosel

Patschkau

Ottmachau

Reichenstein

Glatz

Neustadt

Ziegenhals

Leobschütz

Rybnik

Pless

50°

Bieie

Zinna

Ratibor

Habelschwerdt

Altvater

Jägerndorf

Troja

Sa

Schneeberg 1435m

Altvater 1490m

Bielitz

Gebirge

Hultschin

km

Mohra

Troppau

Oppa

M. Oflrau

17°

18°

Max Czerwensky

Schlesien in weiter Ferne

Erinnerungen eines vertriebenen Priesters
an seine Heimat

Oberschlesischer Heimatverlag Dülmen

1987
© Oberschlesischer Heimatverlag
Postfach 1461, D-4408 Dülmen
Printed in Germany
ISBN 3-87595-270-7

Gewidmet

Hindenburg, meiner Heimatstadt,

Gleiwitz, der Metropole des Industriegebietes,
in der ich in schwerster Zeit
als Priester wirken durfte.

Hessisch-Oldendorf, der Stadt im Weserbergland,
die mir nach der Vertreibung
zur zweiten Heimat geworden ist.

Viele Gedanken können verdrängt werden,
zeitweise auch der Gedanke an die Heimat;
aber eines Tages wird die Erinnerung an die Heimat,
die Sehnsucht nach der Heimat wieder mit
urwüchsiger Gewalt hervorbrechen.

JOSEPH VON EICHENDORFF

Ein brüderliches Geleitwort

Wem damals durch den Einbruch der Russen und Polen das Gedächtnis tätowiert wurde, der wird hier eine erschütternde Rückblende erleben.

Der Autor hat in der damaligen Katastrophen-Zeit vorbildlich seine vielen tausend Pfarrkinder zusammengehalten.

Realistisch, aber ohne Verbitterung hat er alles aufgezeichnet. Und dabei ist er – damals wie heute – der große Optimist aus dem Glauben geblieben.

P. Johannes Leppich SJ

Vorwort

Bis auf den heutigen Tag versuchen Politiker und die Medien unseres Landes, die große Tragödie, die sich im Osten nach dem Zusammenbruch der Nazi-Herrschaft abgespielt hat, aus dem Bewußtsein der Deutschen zu verdrängen. Nur zaghaft arbeiteten die Chronisten die traurige Vergangenheit mit all ihren Grausamkeiten, begangen an Millionen deutscher Menschen, auf. Man schwieg anfangs lieber, denn zu schwer lastete die Nazi-Schuld auf unserem Volk, zu sehr beherrschten auch einseitig gefärbte Meinungen die Weltöffentlichkeit, obwohl kein Geringerer als der britische Premierminister Winston Churchill schon am 5. März 1946 anläßlich eines Amerika-Besuches bekannte: „Die von Sowjetrußland abhängige polnische Regierung ist veranlaßt worden, gewaltige Eroberungen auszuführen und Millionen Deutsche zu vertreiben. Was sich dort heute im großen Maßstab abspielt, übertrifft jede Vorstellungskraft." Jeder Aufschrei in jener finsteren Zeit wäre sofort in einem Meer von Emotionen erstickt und damit ungehört verhallt.

Nur langsam weichen die langen Schatten, die Zeugen eines traurigen Kapitels deutscher Geschichte. Mittlerweile erscheinen zunehmend Artikel, Schriften und Bücher, die sich mit dem Leidensweg der Deutschen während ihrer Flucht vor den Russen auf den vereisten Straßen des Jahres 1945, mit der späteren rücksichtslosen Vertreibung von Millionen Menschen aus ihrer Heimat, mit der Geschichte des deutschen Ostens, seiner Kultur, seiner wirtschaftlichen Bedeutung und den unvergessenen

Schönheiten des Landes beschäftigen. Es fehlt auch nicht an erschütternden Erlebnisberichten über Einzelschicksale, jedoch sind hier noch große Lücken vorhanden.

Der Verfasser dieses Buches wurde von Mitbrüdern und Mitgliedern der eigenen Pfarrgemeinde des öfteren zur Niederschrift seiner Erlebnisse ermuntert. Er war in jenen schrecklichen Tagen Kuratus an der St.-Bartholomäus-Kirche in Gleiwitz, der ersten ostdeutschen Großstadt, die den sowjetischen Truppen in die Hände fiel. Mit seinen Aufzeichnungen, fast ein Tagebuch, schildert er den Widerstand der Kirche gegen das NS-System, den Einmarsch der sowjetischen Armeen in das Oberschlesische Industriegebiet, die Polonisierung des öffentlichen und kirchlichen Lebens, seine Vertreibung aus der Heimat und schließlich seine Amtszeit als Lagerpfarrer im Durchgangslager Marienthal bei Helmstedt, bis er in Hessisch-Oldendorf in Niedersachsen als Pfarrer einer großen Vertriebenengemeinde eine neue Heimat fand.

Max Czerwensky

Heimat und Heimaterlebnis

Nach dem Zweiten Weltkrieg konnte lange nicht von Heimat gesprochen werden. Die Gründe dafür sind klar. Die Liebe zu Volk und Vaterland ist mit dem Zusammenbruch des Nationalsozialismus in Verruf geraten. Es war verpönt, über Heimat und Vaterland zu sprechen. Viele litten an Deutschland. Statt Liebe überschlugen sich nicht wenige mit Schelten gegen das eigene Volk. Die einzigen, die noch von Heimat, Volk und Vaterland zu sprechen wagten, waren die Heimatvertriebenen. Sie wurden deswegen als Spinner und ewig Gestrige angesehen. Durch ihre Geduld und Treue aber hat sich in letzter Zeit ein Umdenken vollzogen. Begriffe wie Heimat, Volk und Vaterland sind wieder in. Das ist gut so, denn die Liebe zur Heimat ist für den Menschen existentiell von größter Bedeutung. Der Mensch ohne Heimat ist wie ein Baum, den man mit seiner Wurzel aus dem Boden herausgerissen hat, in dem er bisher stand und darin Nahrung und Leben fand. Alfred Delp beschrieb den Begriff Heimat so:

„Heimat, das ist Land und Besitz,
das ist Elternhaus und Kindheit und Familie,
das ist Geschichte und Kultur,
das ist Beruf und das sind die Menschen,
denen ich verbunden und verpflichtet bin;
und Heimat, das ist durch all dies die
lebendige Begegnung mit meinem Gott."

Zahlreiche Schriftsteller haben das Schicksal jener Männer und Frauen beschrieben, die in der Nazizeit aus politischen, religiösen oder rassischen Gründen in die Emigration gehen mußten. Von Carl Amery stammt das Wort: „Es altert sich schlecht im Exil, denn der Mensch braucht Heimat." Der russische Schriftsteller Dostojewski schrieb: „Wenn man sich nicht mehr seiner Heimat verbunden fühlt, hat man auch keinen Gott mehr." Vielsagend und treffend ist auch die Klage des Philosophen Friedrich Wilhelm Nietzsche: „Weh dem, der keine Heimat hat." Als nach dem Prager Frühling Tausende von Tschechen ins Exil gingen, haben viele in der Schweiz Aufnahme gefunden. Sie hatten dort beruflich gute Chancen und waren allmählich auch finanziell gutgestellt. Und doch ist 1972 von E. A. Peschler ein Buch herausgegeben worden, das den Titel trägt: „Das kalte Paradies". Das ist ein Hinweis darauf, daß Heimat sich nicht in guten finanziellen und wirtschaftlichen Gegebenheiten nach dem Motto „ubi bene, ibi patria – wo es mir gutgeht, dort ist mein Vaterland" erschöpft. Heimat betrifft den ganzen Menschen mit all seinen Kräften von Leib, Seele und Geist. Eine Eingliederung in einen Arbeitsprozeß kann niemals ausreichend sein.

„Das Recht auf Heimat ist ein Grundrecht des Menschen. Zu allen Zeiten hat die Kirche zum Wohle der ganzen Menschheit den Mächtigen dieser Welt zugerufen, daß es unantastbare Menschenrechte gibt, in die keine staatliche Gewalt ungestraft eingreifen darf, weil sie von Gott in den Menschen gelegt sind. Und als nach Beendigung des Zweiten Weltkrieges rund 15 Millionen Deutsche durch einen Federstrich ihrer Heimat für verlustig erklärt und gewaltsam daraus vertrieben wurden, da schauten die Augen von Millionen entrechteter Ostdeutscher auf die Kirche. Von ihr erwarteten sie Hilfe und Verteidigung ihrer Menschenrechte. Wohl wußten sie, daß der Kirche keine irdischen Machtmittel zur Verfügung stehen, aber sie vertrauten auf die moralische Kraft der Kirche, das Weltgewissen wachzurufen gegen die furchtbaren Vorgänge im Ostdeutschen Raum und die Welt zur Hilfe dagegen aufzurufen. Sie sollten nicht enttäuscht werden. Die Kirche hat es in die Welt hinausgerufen, daß die Vertreibung von mindestens 15 Millionen Ostdeutschen aus ihrer seit vielen Jahrhunderten angestammten Heimat vom

Standpunkt der christlichen Moral ein himmelschreiendes Unrecht ist. Die Ostdeutschen haben einen naturrechtlichen Anspruch auf ihre Heimat." (Dr. Kaps, Tragödie Schlesiens, Verlag Unterwegs, München 1952/53, S. 519/520)

Aus der Fülle der kirchlichen Kundgebungen möchte ich nur das Schreiben des Hl. Vaters Pius XII. an die deutschen Bischöfe vom 1. März 1948 herausheben (Amtsblatt der Erzdiözese München und Freising 1948, Beilage Nr. 6, S. 3 ff).

„Besondere Berücksichtigung werden immer die Ostflüchtlinge verdienen, die aus ihrer Heimat im Osten zwangsweise und unter entschädigungsloser Enteignung ausgewiesen und in die deutschen Zonengebiete überführt wurden.

Wenn wir auf sie zu sprechen kommen, so beschäftigt uns hier nicht so sehr der rechtliche, wirtschaftliche und politische Gesichtspunkt jenes in der Vergangenheit Europas beispiellosen Vorgehens. Über die genannten Gesichtspunkte wird die Geschichte urteilen. Wir fürchten freilich, daß ihr Urteil streng ausfallen wird. Wir glauben zu wissen, was sich während der Kriegsjahre in den weiten Räumen von der Weichsel bis zur Wolga abgespielt hat. War es jedoch erlaubt, im Gegenschlag zwölf Millionen Menschen von Haus und Hof zu vertreiben und der Verelendung preiszugeben? Sind die Opfer jenes Gegenschlages nicht in der ganz überwiegenden Mehrzahl Menschen, die an den angedeuteten Ereignissen und Untaten unbeteiligt, die ohne Einfluß auf sie gewesen waren? Und war jene Maßnahme politisch vernünftig und wirtschaftlich verantwortbar, wenn man an die Lebensnotwendigkeiten des deutschen Volkes und darüber hinaus an den gesicherten Wohlstand von ganz Europa denkt? Ist es wirklichkeitsfremd, wenn wir wünschen und hoffen, es möchten alle Beteiligten zu ruhiger Einsicht kommen und das Geschehene rückgängig machen, soweit es sich noch rückgängig machen läßt? . . ." Weiter spricht der Hl. Vater von der durch die Vertreibung entstandenen religiösen Not und all den anderen entstandenen Nöten und ruft den Ostflüchtlingen zu: „Beugt euch in Demut unter Gottes mächtige Hand, damit er euch zur rechten Zeit erhöht! Werft all eure Sorge auf ihn, denn er nimmt sich euer an." (Petr. 5, 6)

„Leider ist durch die Vertreibung von Millionen aus ihrer angestammten Heimat, durch die in den letzten Jahrzehnten entstandene Freizügigkeit und durch die Anziehungskraft der Städte mit ihren besseren Verdienstmöglichkeiten und leichteren Vergnügungsgelegenheiten die Verwurzelung mit der Heimat bei vielen gelockert worden." (Hirtenbrief vom Erzbischof von Freiburg Gröber vom 18. Januar 46)

Aber trotz der Belastungen durch die Zeit ist bei den meisten in unserem Volke die Liebe zur Heimat nicht verlorengegangen. Sie ist eben eine Naturanlage, und Vergewaltigung der Natur gelingt nicht oder nur für kurze Zeit. Sie kann zwar aus verschiedenen Gründen für einige Zeit in den Hintergrund treten, bricht aber später wieder mit um so größerer Kraft hervor. Naturgemäß haben die Alten eine innigere Beziehung zur Heimat als die Jungen. Ihre Sehnsucht nach der Heimat wird zum Heimweh, das sie krank machen kann. Ihre Gedanken gehen, wenn sie fern der Heimat leben müssen, in stillen Stunden und schlaflosen Nächten in die Heimat zurück. Dann taucht das Vergangene und Ferne wieder auf – die heimatlichen Straßen mit ihren Häusern, die ehemalige Wohnung, die Schule, der Arbeitsplatz, die Menschen, die Landschaft mit ihren Bächen, Wiesen, Feldern und Wäldern und vor allem die Kirche, in der man Sonntag für Sonntag mit den Eltern, Kindern, Nachbarn, Freunden, Verwandten und Bekannten gebetet und die gemütvollen Kirchenlieder gesungen hat, in der man getauft wurde, die erste hl. Kommunion empfangen hat, sich die Hände im Sakrament der Ehe zum Lebensbund gereicht und die Feste des Kirchenjahres mit großer Freude erlebt hat. Alles tritt dabei leibhaftig und jugendfrisch vor die Seele. Wir können dieses

Wiederverwachsen des alten Menschen mit der Heimat auch die große Heimkehr nennen, die jeder Mensch mit tiefem Gemütsleben an sich erfährt.

Wie viele andere Völker sind auch wir Deutsche mit der Heimat sehr innig verbunden und empfinden schmerzvoll den Verlust. Unsere Dichter haben die Heimat in zahlreichen Liedern besungen. Ich denke „an die innig tiefen Gedichte und Weisheitssprüche des Johannes Scheffler (Angelus Silesius), des ‚Cherubinischen Wandersmanns‘, wie er sich selber nach der Mode seiner Zeit nannte". Ich denke an Joseph Freiherr von Eichendorff, der nicht nur ins schlesische, sondern ins alldeutsche Herz heimatfroh sang: „O Täler weit, o Höhen, du schöner grüner Wald, du meiner Lust und Wehen andächt'ger Aufenthalt. Da draußen, stets betrogen, saust die geschäft'ge Welt; schlag noch einmal die Bogen um mich, du grünes Feld." Ich denke aber auch an die Lieder von Alfred Nowinski „Du oberschlesische Heimat" und von Grabowski-Hayduk „Mein oberschlesisch Land".

Was die Liebe zur Heimat angeht, möchte ich auf einige Worte unseres jetzigen Papstes Johannes Paul II. verweisen, der am 17. Oktober 1978 gesagt hat: „Mit unzerstörbarer Liebe sind wir dem Land verbunden, in dem wir geboren sind." Und an anderer Stelle sagte er: „Mit unserem Gruß an unsere Landsleute und unsere Heimat verbinden sich viele Erinnerungen und Empfindungen, zartes Heimweh und unzerstörbare Hoffnung." Diese Worte haben nicht nur für die polnischen Landsleute, sondern auch für uns Geltung. Wir können auch Kardinal Glemp, der in den letzten Jahren mit seinen Äußerungen über die deutschen Ostgebiete viel Anlaß zur Kritik gegeben hat, beipflichten, wenn er 1984 im Wallfahrtsort Tschenstochau erklärte: „Die Liebe zum Vaterland, das Gefühl der Gemeinschaft mit den Menschen, mit denen wir durch Sprache, Tradition, Arbeit und Boden verbunden sind, gehört zu den christlichen Pflichten."

Deutschlands Verstümmelung nach dem Ersten Weltkrieg hinterließ eine blutende Wunde in den Herzen aller Deutschen und war eine der Ursachen des Zweiten Weltkrieges.

Abb. S. 16
Hindenburg-Süd:
Dorotheenstraße, St.-Anna-Kirche mit Pfarrhaus und kath. Vereins-
haus, Amtsgericht und Gefängnis, Knappschaftskrankenhaus, evang.
Kirche, Oberlyzeum, Glasfabrik und Bahnhof.

Die Liebe zu unserer ostdeutschen Heimat gehört also zu unseren christlichen Pflichten.

Meine Heimat ist Hindenburg, die Stadt der Gruben, Hütten und Kirchen, die Stadt, die auf Kohle gebaut ist. Einst hieß der Ort, der durch den Zusammenschluß mehrerer Siedlungen entstanden ist, Zabrze. In Hindenburg bin ich geboren und zur Schule gegangen. Schon mit acht Jahren war ich Meßdiener in der St.-Anna-Kirche (und später am Gymnasium). Mit zehn Jahren erlebte ich die Abstimmung und die große Freude, daß die Stadt trotz der ständigen Bedrohungen durch polnische aufständische Gruppen sich mehrheitlich für den Verbleib bei Deutschland entschieden hatte.

Die Freude war freilich getrübt durch die gegen den Mehrheitswillen der Bevölkerung vorgenommene Lostrennung Ostoberschlesiens und die Zerstückelung Deutschlands an all seinen Grenzen. Diese Verstümmelungen erregten naturgemäß den Unwillen des deutschen Volkes und waren eine ständig blutende Wunde.

Daß die durch den Versailler Vertrag erfolgte Abtretung von tausenden Quadratkilometern wertvollen Bodens mit all den Rohstoffen und Industrien und die dazu auferlegten Reparationen die junge deutsche Republik in eine tiefe geistige und wirtschaftliche Krise stürzen würde, war vorauszusehen. Dazu kam die Weltwirtschaftskrise Ende der zwanziger Jahre. Die Konjunktur sank, die Arbeitslosenzahl stieg schnell. Im Jahre 1927 gab es in Deutschland 600 000 Arbeitslose, 1928 stieg die Zahl auf 1,1 Millionen, sie schwoll 1929 auf zwei Millionen an und erreichte Ende 1932 sechs Millionen. Die Stadt Hindenburg war wegen ihrer Lage davon besonders betroffen. Sie war nach der Teilung Oberschlesiens Grenzstadt geworden und von

Abb. S. 19
Blick zur Donnersmarckhütte in Hindenburg

18

St.-Anna-Kirche in Hindenburg

ihrem Hinterland abgeschnitten. Ich werde die langen Schlangen der Arbeitslosen nicht vergessen, die vor den Arbeitsämtern standen, um ihr Stempelgeld abzuholen. Zahlreiche Aktionen revolutionärer Gruppen beunruhigten die Bürger der Stadt. Mein Schwager Karl Plasa, der Offizier bei der Bereitschaftspolizei war, berichtete in unserer Familie von seinen zahlreichen Einsätzen, durch die die Ordnung auf den Straßen wiederhergestellt werden mußte. Die Bevölkerung von Hindenburg sehnte, wie auch sonst im ganzen Land, eine Wende zum Guten herbei. Sie erhoffte diese schließlich durch den Nationalsozialismus, der allen Ordnung, Arbeit und Brot versprach. Hitler hätte niemals einen solchen Zulauf gehabt, wenn die Bedingungen für ihn nicht so günstig gewesen wären. Daß er später einen Weg beschritt, der ins Unheil führte, konnte anfänglich niemand ahnen.

Mit Herz und Verstand bin und bleibe ich Hindenburger. Ja, ich sage es deutlich, daß ich meine Heimat liebe, und dies um so mehr, als ich viel Schönes daheim erfahren habe. Nicht zuletzt gilt meine Liebe „Oberschlesien, dem Land unter dem Kreuz". Ich bin überzeugt, daß nach dem Kreuz der Vergangenheit auch für unsere Heimat und seine Menschen die Stunde der Auferstehung schlagen wird.

Die erste Kaplanstelle

Nach meiner Priesterweihe wurde ich von der kirchlichen Behörde in Breslau als Kaplan nach Mechnitz, Krs. Cosel O/S, geschickt. Mechnitz liegt an der Straße Cosel – Krappitz, nahe der Oder. Für diese Gemeinde war eigentlich kein Kaplan vorgesehen, aber da der damalige Pfarrer Salzburg schwer erkrankt war und sich einer Leberoperation unterziehen mußte, wurde ein Kaplan als Hilfe erbeten, der auch polnisch sprechen konnte. Die kirchliche Behörde hatte mich hierfür vorgesehen. So durfte ich Pfarrer Salzburg vier Monate bis zu seinem Tode zur Seite stehen. Diese vier Monate waren für mich eine sehr wertvolle Zeit. Ich lernte einen Priester kennen, der mit großer Geduld seine Leiden ertrug, sich aber trotz der Belastung durch die Krankheit bemühte, mich in die verschiedenen Bereiche der Seelsorge einzuführen.

Als Stadtmensch mußte ich mich zunächst auf das Leben im Dorf umstellen. Das Pfarrhaus war ein kleines Bauernhaus. Im großen Vorgarten liefen Hühner, Enten, Gänse und Puten herum. All dieses Getier ließ von Zeit zu Zeit lautstark seine Stimme erschallen. Im Geäst des Weinstockes, der die Fassade des Pfarrhauses vollständig mit seinen Blättern bedeckte, schimpften den ganzen Tag die Spatzen und machten mich nervös. Es gab noch keine Wasserleitung. Das Wasser mußte von einem Brunnen, der einige Meter vom Eingang des Pfarrhauses entfernt war, geholt werden. Waschen mußte ich mich in einer Waschschüssel, die im Schlafzimmer auf einer alten Kommode stand. Es gab natürlich kein Bad im Hause. Die Toilette befand sich neben dem Viehstall. Die Holztür mit dem ausgeschnittenen Herzen darin zeigte die Richtung an. Die Dorfstraße war nicht gepflastert und hatte keinen Bürgersteig. Wenn es geregnet hatte, mußte ich beim Gang durch das Dorf zahlreiche Pfützen umgehen. Ich begegnete dabei keinem Auto, dafür aber Hühnern, Enten und Gänsen. Letztere machten stets einen Mordslärm, wenn ich auftauchte und näherkam. Oft gingen sie zum Angriff über, so daß ich schnell in Deckung gehen mußte. Fast aus jedem Bauernhaus wurde ich von Hundegebell begrüßt. Es war alles sehr romantisch.

Bei den Spaziergängen hörte ich, daß die Leute noch viel miteinander polnisch sprachen. Ich wurde auch oft mit dem Gruß „Niech będzie pochwalone Jesus Christus" gegrüßt, d. h. „Gelobt sei Jesus Christus". An den Sonntagen wurden die Gottesdienste abwechselnd mal in deutscher, mal in polnischer

Mechnitz an der Oder, Pfarrkirche und Dorfstraße (Foto: privat)

Sprache abgehalten. Die polnischen Predigten bereiteten mir anfänglich viel Mühe. Ich mußte sie buchstäblich auswendig lernen. Deswegen ging ich gern, um den kranken Pfarrer nicht zu stören, hinaus in die Natur und sprach die polnischen Sätze bei den Spaziergängen auf den Feldwegen laut vor mich hin, damit ich sie auch ins Gehör bekam und sie mir besser merken konnte. Von Haus aus war mir das Polnische unbekannt, denn mein Vater stammte aus Hultschin, und meine Mutter war eine Gleiwitzerin. Als ich aber in Breslau das Studium der Theologie aufnahm, mußte ich wie alle Oberschlesier auch Unterricht in polnischer Sprache nehmen, worauf der Erzbischof von Breslau, Kardinal Bertram, großen Wert gelegt hat. Er wollte auch der polnisch sprechenden Minderheit Oberschlesiens die Möglichkeit geben, die Gottesdienste in ihrer Muttersprache zu feiern.

Im übrigen mußten auch die Theologiestudenten der Diözese Berlin, die in Breslau studierten, diesen Unterricht mitmachen und sich Kenntnisse in polnischer Sprache aneignen, damit die zahlreichen polnischen Saisonarbeiter auf den großen

Gütern in Brandenburg, Mecklenburg und Pommern seelsorglich betreut werden konnten. Ich habe es erlebt, wie schwer es manchem Theologiestudenten, besonders auch aus dem Bistum Berlin, fiel, die vielen polnischen S- und Zischlaute auszusprechen. Vorwürfe, die bis in die jüngste Zeit von polnischer Seite gegen Kardinal Bertram erhoben werden, er hätte versucht, die polnisch gesinnte Bevölkerung in einigen Teilen Oberschlesiens zu germanisieren, entsprechen nicht der Wahrheit. Das Gegenteil ist der Fall. Wir Oberschlesier wurden als Utraquisten (doppelsprachig) bezeichnet und als solche auch im Priesterverzeichnis der Erzdiözese Breslau geführt.

Wenn ich in Mechnitz die Dorfstraße entlangging, hörte ich, daß noch viel polnisch gesprochen wurde. Sehr bald erfuhr ich aber, daß die Menschen in ihrer Gesinnung deutsch waren, was sie bei der Abstimmung am 20. März 1921 sehr deutlich zum Ausdruck gebracht hatten. Damals entschieden sich im Distrikt Cosel, zu dem Mechnitz gehörte, 74,9 % für die Zugehörigkeit zum Deutschen Reich und nur 25,1 % für Polen. Dies ist um so erstaunlicher, als polnische Agitatoren, allen voran der damalige polnische Abgeordnete im Deutschen Reichstag Korfanty, alles taten, um die oberschlesische Bevölkerung für einen Anschluß des Landes an Polen zu gewinnen. Jedes Mittel war ihnen dabei recht – Versprechungen und Terror –, wobei der französische General Le Rond und die französische Besatzungsmacht sie dabei unterstützten, obwohl sie, zur interalliierten Kommission gehörend, zur Neutralität verpflichtet waren. Den Armen versprach Korfanty nach dem Wahlsieg Land aus dem zu enteignenden Großgrundbesitz und eine Kuh, den Arbeitern nach Vertreibung der „Schlotbarone" Anteil an der Industrie, den Angestellten, Beamten und Lehrern Beförderungen im Beruf. Vor allem versuchte man das gläubige katholische Volk mit dem Slogan „Katholisch gleich polnisch, deutsch gleich protestantisch" auf die polnische Seite zu ziehen. Gerade dieser Gedanke verursachte bei vielen eine große Unsicherheit, da die preußische Regierung in der Vergangenheit in der Behandlung des katholischen Oberschlesiens tatsächlich große Fehler gemacht hatte, indem sie höhere Beamtenstellen in der Regel mit Protestanten aus dem Reich besetzt hat. Trotzdem war die Abstimmung ein eindeutiges Votum für Deutschland, und Korfanty brauchte dann auch die gegebenen Versprechungen nicht einzuhalten und die sogenannte „Korfantykuh" niemandem zu schenken. Für mich war es ein Novum: Polnisch oder besser gesagt wasserpolnisch sprechen und deutsch gesinnt sein. In zahlreichen Gesprächen im Dorf wurde mir dies dann auch bestätigt.

Sehr viel Zeit mußte ich damals für die Erstellung von Urkunden aufwenden. In der Nazizeit forschten die meisten Familien nach ihren Ahnen. Für viele Berufe mußten die Bewerber den arischen Nachweis erbringen. Wir sagten damals ironisch: „Sie forschen nach ihrer arischen Großmutter." Täglich trafen Briefe aus allen Teilen des Reiches mit der Bitte um Zusendung von Geburts-, Trau- und Sterbeurkunden ein. Viele Stunden mußte ich so vor den alten Büchern sitzen und lange suchen, zumal oft nur undeutliche Angaben gemacht worden waren. Am liebsten wäre ich durchs Dorf gegangen und hätte Hausbesuche gemacht.

Große Sorge bereitete mir damals auch die Verpachtung des Geländes, das zur Pfarrwidmut gehörte. Aus der Pacht resultierte der größte Teil der Einkünfte des Pfarrers. Pfarrer Salzburg war sehr gutmütig und hat vielen, besonders kinderreichen Familien die Pacht erlassen, womit dann stets eine Einbuße seines Gehaltes verbunden war. Er meinte, daß bei diesen „armen Schluckern" doch nichts zu holen sei.

Eines Abends saßen wir gerade beim Abendbrot, als mächtig die Glocke an der Haustür gezogen wurde. Sie schreckte uns mit ihrem schrillen und rostigen Klang auf. Ich öffnete die Tür. Draußen stand der junge Lehrer und Organist Raffelt. Seine Frau, die gerade entbunden hatte, lag im Sterben. Pfarrer Salzburg, der selbst die Krankensalbung spenden wollte, raffte sich mühsam auf und eilte zum Haus der Sterbenden, das dem Pfarrhaus gegenüber auf der anderen Seite der Dorfstraße lag. Der Tod der jungen Frau Raffelt hat damals alle im Dorf tief ergriffen. Es war die letzte Amtshandlung, die Pfarrer Salzburg vorgenommen hat. Danach wurde er bettlägerig. Anfang Mai 1938 starb er. Mir fiel als jungem Kaplan die Aufgabe zu, nach Absprache mit dem Erzpriester die Vorbereitungen für die Beerdigung und die Erledigung der Erbangelegenheiten mit den Angehörigen zu treffen, zumal kein Testament vorhanden war. Pfarrer Salzburg wurde an der Friedhofsmauer bei der Kirche unter großer Beteiligung der Pfarrgemeinde und vieler Mitbrüder beigesetzt.

Schon wenige Tage nach der Beerdigung von Pfarrer Salzburg erhielt ich vom Erzbischöflichen Generalvikariat in Breslau ein Schreiben, das ich zwar nicht, wie es manchmal humorvoll von Geistlichen erzählt wurde, auf den Knien, aber doch klopfenden Herzens öffnete. Mir war klar, daß meine Tage in Mechnitz langsam zu Ende gehen würden. Als ich die Zeilen überflog, fand ich meine Vermutung bestätigt. Ich war als Kaplan nach Gleiwitz an die St.-Bartholomäus-Kirche versetzt. Darüber habe ich mich sehr gefreut, denn Gleiwitz war mir von zahlreichen Besuchen her gut bekannt.

Gleiwitz gehört zu den ältesten deutschen Städten Oberschlesiens.

Das Gründungsjahr ist nicht genau auszumachen. Man kann aber annehmen, daß die Stadt gleichzeitig mit anderen oberschlesischen Städten um die Mitte des 13. Jahrhunderts gegründet worden ist. In einer Urkunde von 1276 wird Gleiwitz schon als Stadt erwähnt. Im Jahre 1465 wird das Magdeburger Stadtrecht erneuert und bestätigt. Rings um die Stadt zog sich einst ein Wall. Im Inneren des Walles war der Wallgraben und die Stadtmauer mit dem Beuthener oder Weißen Tor im Osten und dem Ratiborer oder Schwarzen Tor im Westen. In der Nähe des Weißen Tores stand das Schloß.

Im Mittelalter war Gleiwitz ein verträumtes Städtchen mit 1 200 Einwohnern. Vor den Toren der Stadt lagen die Äcker und Hopfengärten der Bürger, darauf sie Ackerbau und Viehzucht betrieben und ihren Hopfen zum Bierbrauen anbauten. Unter den Handwerkern spielten die Tuchmacher und Leineweber eine große Rolle. Im Jahre 1596 waren über einhundert Handwerker verschiedenster Art ansässig. Krieg, Feuer, Krankheiten, wie die Pest, und sonstige Not blieben der Stadt im Laufe der Geschichte nicht erspart. Im Jahre 1627 wurde sie von den Dänen vergebens belagert. Wie die Legende berichtet, wird die wunderbare Errettung der Himmelskönigin zugeschrieben, die schützend ihren Mantel über die bedrohte Stadt ausgebreitet hat. Dieses Ereignis wurde auch im neuen Stadtwappen, das Kaiser Ferdinand II. ein Jahr später verliehen hatte, festgehalten. In Dankbarkeit gelobte damals die Bevölkerung eine alljährliche Fußwallfahrt zum Marienheiligtum nach Czenstochau. Als Schlesien im Jahre 1742 zu Preußen kam, wurde die Wallfahrt zum Annaberg verlegt und in den beiden folgenden Jahrhunderten treu durchgehalten.

Politisch gehörte Gleiwitz zunächst zum Herzogtum Ratibor, seit dem Jahre 1281 zum Herzogtum Beuthen unter böhmischer Oberlehenshoheit, seit dem Jahre 1526 mit Böhmen zum Hause Habsburg und schließlich seit 1742 zu Preußen.

Mit dem anbrechenden Industriezeitalter und durch die besondere Förderung der preußischen Könige gelangte Gleiwitz zu neuer Bedeutung. Im Jahre 1794 wurde die erste Eisengießerei eröffnet und zwei Jahre später der erste Koksofen Europas angeblasen. Die Gleiwitzer Hütte war für ihren Eisenkunstguß bekannt. Dort wurden im Jahre 1813 die ersten Eisernen Kreuze gegossen. Bekannt ist auch der sogen. Schinkelteller, der vom Berliner Architekten und Künstler Karl Friedrich Schinkel für die Gleiwitzer Hütte entworfen worden war.

In der Folgezeit hatten sich zahlreiche Industrien im näheren und weiterer Umkreis angesiedelt.

Als im Jahre 1922 Ostoberschlesien mit Kattowitz an Polen abgetreten werden mußte, entwickelte sich Gleiwitz zur Metropole des oberschlesischen Industriegebietes mit Sitz zahlreicher Behörden, Verwaltungen, Direktionen von Industrie- und Wirtschaftsunternehmen, mehrerer Krankenanstalten, der verschiedensten Schulen und kirchlichen Einrichtungen. Gleiwitz war Garnisonsstadt und Standort für den einzigen oberschlesischen Rundfunksender, besaß einen Flughafen und einen großen Binnenhafen. Hier nahm der Klodnitzkanal seinen Anfang, auf dem Schiffe bis zu tausend Tonnen die Industriegüter zur Oder nach Cosel und von dort weiter bis Berlin oder Stettin beförderten. Gleiwitz war zudem ein wichtiger Verkehrsknotenpunkt und hatte den größten Güterbahnhof des Ostens. Die Stadt hatte 1937 etwa 117 200 Einwohner.

Die Bevölkerung wurde stark vom katholischen Glauben geprägt. Etwa 87 % waren katholisch, 10 % evangelisch, 2 % jüdisch. Den Katholiken standen folgende Kirchen zur Verfügung: Allerheiligenkirche, Peter-Paul-Kirche, Kreuzkirche (Redemptoristen), Herz-Jesu-Kirche (Franziskaner,) Christ-Königs-Kirche, Mariä-Himmelfahrts-Kirche (Schrotholzkirche auf dem Zentralfriedhof), St.-Michael-Kirche am Flugplatz, St.-Bartholomäus-Kirche (Stadtteil Petersdorf), St.-Elisabeth-Kirche (alte Wehrkirche, frühere St.-Bartholomäus-Kirche), St.-Antonius-Kirche (Stadtteil Richtersdorf), St.-Josephs-Kirche (Stadtteil Ellguth-Zabrze), St.-Johann-Baptist-Kirche (Stadtteil Zernik).

Das Zentrum der evangelischen Christen befand sich in der Bahnhofstraße an der Klodnitz. Die evangelische Kirche ist im Jahre 1859 im neugotischen Stil errichtet worden. Es gab in der Stadt und Umgebung etwa 10 000 evangelische Christen.

Das Bethaus der Juden, die Synagoge, erbaut in den Jahren 1860/61, stand am Wilhelmsplatz. Sie wurde in der Reichs-

St.-Elisabeth-Kirche (alte Wehrkirche) in Gleiwitz

Schrotholzkirche auf dem Zentralfriedhof in Gleiwitz

Gleiwitz – die evangelische Kirche an der Klodnitz; 1859 anstelle der alten Barbarakirche erbaut.

Synagoge in Gleiwitz, erbaut 1860/61. Sie wurde in der Reichskristall-
nacht 1938 durch Brand von den Nazis zerstört.

kristallnacht (November 1938) wie alle anderen jüdischen Gotteshäuser in Deutschland von den Nazis durch Brand zerstört. Es lebten 1930 in Gleiwitz etwa 1900 Juden.

Für mich hatte Gleiwitz eine besondere Bedeutung, weil meine Mutter eine Gleiwitzerin war. Ihre Eltern wohnten in der Mauerstraße, wo noch heute Reste der alten Stadtmauer zu finden sind. So bestand für mich oft ein Anlaß, Gleiwitz zu besuchen. Die Stadt hatte ein gewisses Flair. Ich schlenderte gern vom Bahnhof kommend durch die Wilhelmstraße, vorbei an den verschiedenen Cafés, Gaststätten und den schönen Geschäften bis zur Klodnitz. Auf der Brücke, die über die Klodnitz führte, machte ich in der Regel einen kleinen Halt. Ich schaute dann zunächst nach links hinüber zur evangelischen Kirche, die wegen ihrer guten Lage automatisch den Blick auf sich zog, und dann nach rechts, wo das „Haus Oberschlesien" stand. Es war das größte und bekannteste Hotel der Stadt mit Vortragssälen, Gesellschaftsräumen und vielen Fremdenzimmern, mit einem Café, Restaurant und Kabarett und dem Münzersaal. Im „Haus Oberschlesien" fanden meistens die Tagungen und Konferenzen von Industrie, Handel und Wirtschaft statt. Nach der kleinen Verschnaufpause führte mich der Weg dann weiter bis zum Ring, dem Herzen der Stadt. Die Anlage des Ringes ließ sofort den deutschen Charakter erkennen. Mitten auf dem viereckigen Platz steht das Rathaus, davor das Standbild des Gabeljürgen mit Brunnen. Auf dem Ring konnte man noch nach alter Weise Markt erleben. Von hier war mein Weg bis zur Mauerstraße nicht mehr weit.

Antrittsbesuch im Pfarrhaus von Gleiwitz-Petersdorf

Da Petersdorf im Osten von Gleiwitz auf der anderen Seite der Bahnlinie liegt, war ich in diesen Stadtteil bisher nie hingekommen. Jetzt, wo ich das Schreiben von meiner Versetzung als Kaplan an die St.-Bartholomäus-Kirche in den Händen hielt, drängte es mich, recht bald dem dortigen Pfarrer einen Besuch zu machen. Von einem bekannten Mitbruder erfuhr ich, daß die St.-Bartholomäus-Gemeinde über 25 000 Seelen hat und dort drei Kapläne tätig sind. Der Pfarrer Harald Weinert ist erst wenige Wochen zuvor in sein Amt eingeführt worden. Die St.-Bartholomäus-Kirche ist die größte Kirche Schlesiens. Ich meldete meinen Besuch telefonisch an und fuhr mit der Eisenbahn von Oderthal über Heydebreck nach Gleiwitz.

Dort angekommen, nahm ich kein Taxi, sondern ging zu Fuß über die Neuendorfer Straße durch die Eisenbahnunterführung in den Stadtteil Petersdorf. So konnte ich mir den Ort gleich ein wenig ansehen. Ich ging die Toster Straße hinunter, vorbei an der Sternapotheke, dem Polizeirevier und dem Feuerwehrdepot, vorbei an der Schule VI, der evangelischen Schule und dem alten Friedhof. Schließlich mußte ich rechter Hand in die Bernhardstraße einbiegen. Schon nach wenigen Schritten sah ich dann zum ersten Mal die St.-Bartholomäus-Kirche: Ein riesiger, neugotischer Bau aus roten Klinkern mit einem sehr hohen Turm tat sich vor mir auf. Die Kirche stand auf erhöhtem Gelände, wie auf ein Podest gestellt, umgeben von Bäumen und Sträuchern. Ich muß gestehen, daß ich tief beeindruckt war. Mir kam dabei unwillkürlich das Lied in den Sinn: Ein Haus voll Glorie schauet weit über alle Land . . . Da die Turmuhr gerade elf Uhr schlug und ich mich für diese Zeit angemeldet hatte, besuchte ich die Kirche erst später.

Das Pfarrhaus lag hinter einer zwei Meter hohen Mauer in einem Garten. Ich öffnete neugierig das Gartentor. Vor mir stand, etwas tiefer gelegen, ein neues Gebäude – wie eine Insel des Friedens. Ich schritt den geneigten Gartenweg hinunter auf die Freitreppe des Pfarrhauses zu. Über dem Eingang im Oberlicht der Glastür war ein einziges lateinisches Wort eingezeichnet: Modicum. Es heißt: Nur ein Weilchen. Ein sehr sinnträchtiges Wort, das auf die kleine Weile hinweisen will, die uns für unser Leben und Wirken geschenkt ist. Im Pfarrhaus wurde ich schon erwartet. Der Küster, Herr Gruchot, der gerade im Pfarrbüro seinen Dienst versah, führte mich gleich ins obere Geschoß, wo Pfarrer Weinert sein Arbeitszimmer hatte. Es war ein herzlicher Empfang, ganz unkompliziert, wie es dem Wesen dieses jungen Pfarrers entsprach. Ich brachte meine Freude zum Ausdruck, daß ich in dieser Gemeinde in Zukunft wirken dürfte. Im Gespräch erzählte ich, daß Hindenburg O/S meine Heimat sei, daß ich noch sieben Geschwister hätte und meine Mutter aus Gleiwitz stamme und zur Allerheiligengemeinde gehöre. Dabei stellte sich heraus, daß Pfarrer Weinert meinen Großvater gut kannte, weil er ihm während seiner Kaplanzeit in der Pfarrgemeinde von Allerheiligen oft die hl. Kommunion gebracht habe.

Nachdem wir uns gegenseitig bekannt gemacht hatten, stellte mir Pfarrer Weinert seine Mutter vor, eine sehr liebenswürdige Dame, die ihm den Haushalt führte. Sie war, wie ich später feststellen konnte, die Seele des Hauses. Ihr standen für die vielfältigen Aufgaben in Küche, Haus und Garten noch zwei Hausmädchen zur Seite. Wir besuchten auch noch die beiden in dieser Gemeinde tätigen Kapläne, Oberkaplan Konrad Balzer und Kaplan Hugo Jendrzejczyk. Der Antrittsbesuch wurde mit einem Mittagessen abgeschlossen. Danach gingen wir Priester zu einer kleinen Adoratio des Allerheiligsten in die Kirche, eine wertvolle geistige Übung, die von Pfarrer Weinert in all den Jahren durchgeführt wurde.

St.-Bartholomäus-Kirche in Gleiwitz

Nach der Adoratio erfuhr ich etwas über die Kirche. Sie wurde durch Pfarrer Stryczek gebaut und durch Kardinal Kopp im Jahre 1911 konsekriert. Nach der Konsekration hatte der Kardinal bei einem Festakt erklärt, daß dies die größte Kirche sei, die er in seinen Bischofsjahren je konsekriert habe. Pfarrer Stryczek ist bald danach gestorben und ruht in einer Gruft vor dem Josefsaltar. Bei ihm bewahrheitet sich das Wort, daß ein Kirchbau das Leben des Pfarrers kostet. „Requiescat in pace."

Die im gotischen Stil erbaute Kirche ist dreischiffig. Das Hauptschiff, in dessen Apsis der große gotische Altar mit dem Bild des hl. Apostels Bartholomäus steht, hat eine Länge von 76 Metern. Die Breite der Kirche beträgt 25,5 Meter. Das Kreuzschiff ist 36,5 Meter lang und 13,5 Meter breit. An der Stirnseite der beiden Seitenschiffe standen links der Marien- und rechts der Josefsaltar. Das Hauptschiff wird von den Seitenschiffen durch acht große Pfeiler getrennt, die das Gewölbe tragen. An den beiden vordersten Pfeilern, die den Altarraum von dem Kirchenraum trennen, stehen erhöht auf Konsolen die beiden Apostel Petrus und Paulus. Vier Pfeiler tragen die geräumige Orgelempore. Durch die großen gotischen Fenster an den Seitenwänden und durch die Rosetten in dem Kreuzschiff fällt warmes, buntes Licht in den Kirchenraum. Die vierzehn großen, in den Maßen 3 x 2,54 Meter im Nazarenerstil gemalten Kreuzwegstationen haben mich sehr beeindruckt. Sie laden durch ihre künstlerische Gestaltung zum Meditieren ein. Mir wurde auch gleich der Beichtstuhl gezeigt, in dem ich meinen Platz haben würde, sobald ich die Arbeit in der Gemeinde aufnehme. Anschließend gingen wir noch um die Kirche. Es war ein breiter Weg angelegt, geschmückt mit zahlreichen Sträuchern. An der Ostseite befand sich das Grab des vor wenigen Monaten verstorbenen Pfarrers, des Geistlichen Rates Globisch, der sechzehn Jahre als Pastor bonus die St.-Bartholomäus-Gemeinde geleitet hatte. Eine würdige schwarze Marmorplatte erinnert an ihn und lädt zum Gebet ein.

Der Turm der Kirche mit seinem barocken Helm hat eine Höhe von 92 Metern. Die Franziskaner vom Annaberg, dem Heiligtum Oberschlesiens, versicherten, daß sie den Turm bei klarem Wetter sehen können. Nun verabschiedeten wir uns auf ein baldiges Wiedersehen. Ich kehrte froh nach Mechnitz zurück und freute mich, daß Gott alles so gut gefügt hatte.

Die seelsorgliche Tätigkeit in Gleiwitz

Am 16. Mai 1938 verließ ich Mechnitz und nahm die Arbeit in der St.-Bartholomäus-Gemeinde auf. Ich war der dritte Kaplan in der Runde und fand es sehr bereichernd, daß wir zu dritt waren. Jeder hatte seine besonderen Stärken. So konnte jeder von jedem lernen. Zunächst wurden die Aufgaben neu verteilt. Neben den allgemeinen Diensten, dem turnusmäßigen Wochen- und Kanzleidienst, dem Dienst in der Kirche und Schule, wurde mir die Betreuung der Meßdiener, des Luziavereins und des Kreuzbundes übertragen. Später mußte ich noch die Gruppe der Jungmänner übernehmen. Ich durfte fast acht Jahre in dieser Gemeinde bleiben. Es war ein Glücksfall für mich, daß ich so lange an der Seite von Pfarrer Weinert wirken konnte. Für einen jungen Priester ist die erste Kaplanstelle von entscheidender Bedeutung.

Das Pfarrhaus wurde durch den Pfarrer und seine alte Mutter für uns Kapläne zu einem wirklichen Zuhause. Wir wohnten nicht nur unter einem Dach, es war eine „vita communis". Wir verlebten viele schöne Stunden miteinander. Wenn Besucher kamen, besonders auch Verwandte vom Pfarrer, gehörten wir immer dazu. Die Gastfreundschaft von Pfarrer Weinert war allgemein bekannt. Daher kamen die Patres gern zu uns, wenn sie gebeten wurden, eine religiöse Woche durchzuführen. Es gab jedes Jahr im Frühjahr und Herbst eine solche religiöse Woche,

Mir wurde anfänglich die Betreuung der Meßdiener, des Luziavereins und des Kreuzbundes übertragen. Die Aufnahme zeigt die Gruppe des Jungkreuzbundes aus dem Jahre 1941.

die mal von Jesuiten, mal von Franziskanern oder Redemptoristen gehalten wurde. Die Beteiligung der Gemeinde war immer sehr groß. Wenn wir auch sonst täglich viele Beichten hören mußten, herrschte in Verbindung mit der religiösen Woche ein besonders großer Beichtandrang. Einmal habe ich fast zwölf Stunden hintereinander Beichten hören müssen.

Seelsorgliche Fragen wurden immer miteinander besprochen. Das ist eigentlich eine Selbstverständlichkeit und in einer Gemeinde von 25 000 Seelen eine Notwendigkeit. Es braucht wohl nicht besonders betont zu werden, daß wir in dieser großen Gemeinde sehr gefordert wurden. Am anstrengendsten war immer der Monat Januar, weil wir dann die Kolenden (Hausbesuche) durchführten. Dabei besuchten wir fast alle Familien, segneten die Wohnungen und kamen ins Gespräch mit den Familienangehörigen. Bei diesen Hausbesuchen wurden wir stets von Meßdienern, dem Organisten oder dem Küster begleitet. Es entstand durch diese Kolenden ein lebendiger Kontakt zwischen Priester und Gemeinde. Nach dem anstrengenden Monat Januar erhielten wir Kapläne stets eine Woche Urlaub, in der ich in der Regel zum Skilaufen in das Altvatergebirge nach Bad Reinerz oder in das Riesengebirge fuhr.

Der Nationalsozialismus und die Kirche

In der damals schweren Zeit des Dritten Reiches saßen wir drei Kapläne nach getaner Arbeit oft noch bis spät in die Nacht zusammen und sprachen über die Entwicklung in unserem Volk und über die Übergriffe der Nazis gegenüber der Kirche und ihren Einrichtungen. Von 1933 bis zum Ende des Zweiten Weltkrieges war es das Thema Nummer eins.

In den Jahren vor der Machtergreifung Hitlers hatte sich zwischen der katholischen Kirche und der Partei ein schroffer Gegensatz entwickelt, so daß die Bischöfe sich zu einer Verurteilung des Nazismus entschlossen. Im Protokoll der Fuldaer Bischofskonferenz vom 17. August 1932 „Betr. Stellungnahme zur NSDAP" hieß es:* „Sämtliche Ordinariate haben die Zugehörigkeit zu dieser Partei für unerlaubt erklärt, weil:

1. Teile des offiziellen Programms desselben, so wie sie lauten und wie sie ohne Umdeutung verstanden werden müssen, Irrlehren enthalten;
2. weil die Kundgebungen zahlreicher führender Vertreter und Publizisten der Partei glaubensfeindlichen Charakter, namentlich feindliche Stellung zu grundsätzlichen Lehren und Forderungen der katholischen Kirche enthalten, und diese Kundgebungen keine Ablehnung oder Widerspruch seitens der obersten Parteileitung erfahren haben."

* Gothaer Gruppe: Vortrag in der Volkshochschule zu Paderborn, 2. September 1980. Das Kirchenhaupt im 3. Reich.

Die katholische Presse und katholische Organisationen unterstützten die Bischöfe in ihrer ablehnenden Haltung gegen die Nazis.

„Nach dem Tag der Machtergreifung, dem 30. 1. 1933, lag Hitler daran, den Gegensatz zur katholischen Kirche aus taktischen Gründen vorübergehend in den Hintergrund treten zu lassen. Hitler erweckte den Eindruck, als ob sich die Regierung darum bemühe, ein gutes Verhältnis zu den christlichen Kirchen zu bekommen. Erst die Märzwahlen brachten ihm die Mehrheit. Am 23. März gab er seine Regierungserklärung ab, die wegen ihrer kirchenfreundlichen Sätze geradezu sensationell wirkte. Er erklärte: ‚Die nationale Regierung sieht in den beiden christlichen Konfessionen wichtigste Faktoren der Erhaltung unseres Volkstums. Ihre Rechte sollen nicht angetastet werden.' Diese Regierungserklärung war freilich nur für die Öffentlichkeit bestimmt. Hinzu kam, daß Hitler der katholischen Kirche den Abschluß eines Reichskonkordates anbot, dessen einzelne Artikel dem kirchlichen Leben eine solide staatsrechtliche Grundlage zu verheißen schienen."

Die Bischöfe standen vor einer sehr schwierigen Situation. Ihr Auftrag war es, auch unter ungünstigen politischen Verhältnissen ihre Hirtenaufgabe zu erfüllen. Sie mußten sich für eine von zwei Möglichkeiten entscheiden. Entweder sie versuchten, durch den Abschluß des Konkordates einen Modus vivendi zwischen der damaligen Regierung und der Kirche zu erreichen, oder aber sie wiesen die angebotene Friedenshand zurück, was später als Böswilligkeit propagandistisch hätte ausgeschlachtet werden können.

Hitlers Regierungserklärung beseitigte weitgehend die bisherige Feindschaftserklärung zwischen ihm und der katholischen Kirche.

Am 29. März veröffentlichten die deutschen Bischöfe einen gemeinsamen Hirtenbrief, in dem es wörtlich heißt:

„Die Oberhirten der Diözesen Deutschlands haben aus trifti-

So sah die NS-Propaganda den katholischen Priester: gemeinsam mit
dem Bolschewiken im Gefolge des Juden – die „internationale Ver-
schwörung" war komplett (aus „Der Stürmer").

gen Gründen, die wiederholt dargelegt sind, in ihrer pflichtmä-
ßigen Sorge für die Reinerhaltung des katholischen Glaubens
und für den Schutz der unantastbaren Aufgaben und Rechte der
katholischen Kirche in den letzten Jahren gegenüber der nationalsozialistischen Bewegung eine ablehnende Haltung durch
Verbote und Warnungen eingenommen, die solange und inso-
weit in Geltung bleiben sollten, wie diese Gründe fortbestehen.
Es ist nunmehr anzuerkennen, daß von dem höchsten Vertreter der Reichsregierung, der zugleich autoritärer Führer jener
Bewegung ist, öffentlich und feierlich Erklärungen gegeben
sind, durch die der Unverletzlichkeit der katholischen Glau-
benslehre und den unveränderlichen Aufgaben und Rechten
der Kirche Rechnung getragen sowie die vollinhaltliche Geltung der von den einzelnen deutschen Ländern mit der Kirche
abgeschlossenen Staatsverträge durch die Reichsregierung ausdrücklich zugesichert wird. Ohne die in unseren früheren Maßnahmen liegende Verurteilung bestimmter religiös-sittlicher Irr-
tümer aufzuheben, glaubt daher der Episkopat, das Vertrauen
hegen zu dürfen, daß die vorbezeichneten allgemeinen Verbote
und Warnungen nicht mehr als notwendig betrachtet zu werden brauchen.
In Geltung bleibt die so oft in feierlicher Kundgebung an alle
Katholiken ergangene Mahnung, stets wachsam und opferfreu-
dig einzutreten für den Frieden und die soziale Wohlfahrt des
Volkes, für Schutz der christlichen Religion und Sitte, für Freiheit und Rechte der katholischen Kirche und Schutz der kon-
fessionellen Schule und katholischen Jugendorganisationen. In
Geltung bleibt ferner die Mahnung an die politischen und ähnli-
chen Vereine und Organisationen, in Gotteshaus und kirchlichen Funktionen aus Ehrfurcht vor der Heiligkeit desselben zu
vermeiden, was als politische oder parteimäßige Demonstra-
tion erscheinen und daher Anstoß erregen kann."

Viele Katholiken atmeten auf. Sie hofften nun auf ein gutes Verhältnis von Staat und Kirche. Ihre Hoffnung wurde bestärkt, als die Verhandlungen zum Konkordat aufgenommen wurden.

Dieses Reichskonkordat wurde nach sehr zügigen Verhandlungen am 20. Juli 1933 vom damaligen Kardinalstaatssekretär Eugenio Pacelli und vom Vizekanzler des deutschen Reiches, dem praktizierenden Katholiken Franz von Papen, unterzeichnet. Die Beurteilung war unterschiedlich. Es gab Meinungen, die sagten, daß die Bischöfe auf ein solches Arrangement mit Hitler hätten verzichten sollen. Prof. K. Repgen, Bonn, jedoch schreibt, daß der deutsche Katholizismus das Dritte Reich wesentlich intakter als andere vergleichbare Großgruppen überstanden habe, dies sei eine Folge des Reichskonkordates. Es gab vor allem dem Vorsitzenden der deutschen Bischofskonferenz, Kardinal Bertram, die Möglichkeit, gegen die verschiedenen restriktiven Maßnahmen des NS-Systems zur Ausschaltung der Kirche aus den verschiedenen Bereichen des öffentlichen Lebens durch Proteste und Eingaben vorzugehen.

Hitler ließ sich freilich durch das Konkordat keineswegs von seiner Absicht abbringen, die katholische Kirche zu vernichten. Daß dies sein Ziel war, hat er bereits vierzehn Tage nach seiner Regierungserklärung vor seinen engsten Gefolgsleuten in der Reichskanzlei enthüllt: „Mit den Konfessionen, ob nun diese oder jene, das ist alles gleich, das hat keine Zukunft mehr. Für die Deutschen jedenfalls nicht. Der Faschismus mag in Gottes Namen seinen Frieden mit der Kirche machen. Ich werde das auch tun. Warum nicht? Das wird mich nicht abhalten, mit Stumpf und Stiel, mit allen seinen Wurzeln das Christentum aus Deutschland auszurotten. Man ist entweder Christ oder Deutscher. Beides kann man nicht sein."

Ein Höhepunkt im Kampf der Kirche gegen den Nationalsozialismus war die Enzyklika des Papstes Pius XI. vom 17. Januar 1937 „Mit brennender Sorge", in der die neuheidnische nationalsozialistische Ideologie und die Glaubensverfolgung der braunen Machthaber vor aller Welt angeprangert wurde. Diese Enzyklika trug deutlich die Handschrift von Kardinal Bertram, der kurz zuvor mit einigen Bischöfen in Rom gewesen war und dort über den Kirchenkampf berichtet hatte. Die Reaktion darauf zeigte sich im Schreiben des damaligen Kirchenministers Kerrl an den Vorsitzenden der Deutschen Bischofskonferenz Kardinal Bertram: „Dieses päpstliche Rundschreiben kann unter keinen Umständen geduldet werden. Es darf nicht in den Kirchen von den Kanzeln verlesen werden." Aber Kardinal Bertram ließ es doch verlesen. Um einer Beschlagnahme durch die Geheime Staatspolizei vorzubeugen, wurde das Rundschreiben nicht durch die Post, sondern durch Boten den Pfarrämtern zugestellt.

„Bis zum Beginn des zweiten Weltkrieges hatte es Hitler unter vielfältigem Rechtsbruch und massivem Einsatz von Gewalt erreicht, daß das kirchliche Leben in Deutschland auf den Status einer Kultgemeinschaft reduziert worden war." Hierzu sagte er in seinen Tischgesprächen, die von Reichsleiter Rosenberg aufgezeichnet wurden: „Nachdem es in Deutschland gelungen ist, den Juden und das Christentum aus dem politischen Leben wieder auszuschalten, sieht man erst an der Entwicklung in England und Amerika, wohin diese Elemente ein Volk führen können."

Die Bischöfe kamen zur gleichen Zeit zur Erkenntnis, daß ein Modus vivendi mit dem Nationalsozialismus unmöglich sei. Meinungsunterschiede gab es unter ihnen lediglich über den richtigen Weg, der gegen das NS-System einzuschlagen war. Der Bischof von Münster, Graf von Galen, der Bischof von Berlin, Graf von Preysing, der Bischof Sproll von Rottenburg, der Bischof von Hildesheim, Josef Godehard Machens, und einige andere vertraten eine härtere Linie. Kardinal Bertram dagegen versuchte, bedingt durch die politische Erfahrung vergangener Jahrzehnte und durch seine große Reife, die Schwierigkeiten auf diplomatischem Wege zu lösen. Ich will ehrlich gestehen, daß wir jungen Priester eher der härteren Linie zuneigten. Mit großer Begeisterung, aber auch mit klopfendem Herzen haben wir die berühmten Hirtenworte des Bischofs von Münster in unserer Kirche vorgetragen. Besonders inspiriert hat uns damals die Predigt, die er in der Lambertikirche zu Münster über die Euthanasie gehalten hat. Wegen der großen Aktualität, die dieses Hirtenwort auch heute besitzt, füge ich einige Passagen hier an:

„Andächtige Christen! Gewiß gibt es nach der katholischen Sittenlehre positive Gebote, die nicht mehr verpflichten, wenn mit ihnen allzugroße Schwierigkeiten verbunden wären. Es gibt aber auch heilige Gewissensverpflichtungen, von denen niemand befreien kann, die wir erfüllen müssen, koste es uns selbst das Leben: Nie, unter keinen Umständen darf der Mensch außerhalb des Krieges und der gerechten Notwehr einen Unschuldigen töten. Ich hatte schon am 6. Juli Veranlassung, dem Hirtenwort der deutschen Bischöfe folgende Erklärung hinzuzufügen: Seit einigen Monaten hören wir Berichte, daß aus Heil- und Pflegeanstalten für Geisteskranke auf Anordnung von Berlin Pfleglinge, die schon länger krank sind und vielleicht unheilbar erscheinen, zwangsweise abgeführt werden. Regelmäßig erhalten dann die Angehörigen nach kurzer Zeit die Mitteilung, die Leiche sei verbrannt, die Asche könne abgeliefert werden. Allgemein herrscht der an Sicherheit grenzende Verdacht, daß diese zahlreichen, unerwarteten Todesfälle von Geisteskranken nicht von selbst eintreten, sondern absichtlich herbeigeführt werden, daß man dabei jener Lehre folgt, die behauptet, man dürfe sogenanntes ‚Lebensunwertes Leben' vernichten, also unschuldige Menschen töten, wenn man meint, ihr Leben sei für Volk und Staat nichts mehr wert. Eine furchtbare Lehre, die die Ermordung Unschuldiger rechtfertigen will, die die gewaltsame Tötung der nicht mehr arbeitsfähigen Invaliden, Krüppel, unheilbar Kranken, Altersschwachen grundsätzlich freigibt.

Wie ich zuverlässig erfahren habe, werden jetzt auch in den Heil- und Pflegeanstalten der Provinz Westfalen Listen aufgestellt von solchen Pfleglingen, die als sogenannte ‚unproduktive Volksgenossen' abtransportiert und in kurzer Zeit ums Leben gebracht werden sollen. Aus der Anstalt Marienthal bei Münster ist im Laufe dieser Woche der erste Transport abgegangen.

Deutsche Männer und Frauen! Noch hat Gesetzeskraft der § 211 des Reichsstrafgesetzbuches, der bestimmt: ‚Wer vorsätzlich einen Menschen tötet, wird, wenn er die Tötung mit Überlegung ausgeführt hat, wegen Mordes mit dem Tode bestraft. [...]

Das Strafgesetzbuch (StGB) bestimmt in § 139: ‚Wer von dem Vorhaben ... eines Verbrechens wider das Leben ... glaubhafte Kenntnis erhält und es unterläßt, der Behörde oder dem Bedrohten hiervon zur rechten Zeit Anzeige zu machen, wird ... bestraft.' Als ich von dem Vorhaben erfuhr, Kranke aus Marienthal abzutransportieren, um sie zu töten, habe ich am 2. Juli bei der Staatsanwaltschaft beim Landgericht Münster und bei dem Herrn Polizeipräsidenten in Münster Anzeige erstattet durch eingeschriebenen Brief mit folgendem Wortlaut: ‚Nach mir zugegangenen Nachrichten soll im Laufe dieser Woche (man spricht vom 31. Juli) eine große Anzahl Pfleglinge der Provinzialheilanstalt Marienthal bei Münster als sogenannte ‚unproduktive Volksgenossen' nach der Heilanstalt Eichberg überführt werden, um dann alsbald, wie es nach solchen Transporten aus anderen Heilanstalten nach allgemeiner Überzeugung geschehen ist, vorsätzlich getötet zu werden. Da ein solches Vorgehen nicht nur dem göttlichen und natürlichen Sittengesetz widerstreitet, sondern auch als Mord nach dem § 211 des StGB mit dem Tode zu bestrafen ist, erstatte ich gemäß § 139 des StGB pflichtgemäß Anzeige und bitte, die bedrohten Volksgenossen unverzüglich durch Vorgehen gegen die den Transport und die Ermordung beabsichtigenden Stellen zu schützen und mir von dem Veranlaßten Kenntnis zu geben.' Nachricht über ein Einschreiten der Staatsanwaltschaft oder der Polizei ist mir nicht zugegangen."

Nach weiteren Ausführungen heißt es in dem Hirtenwort des Bischofs von Münster weiter:

„Wenn man den Grundsatz aufstellt und anwendet, daß man den unproduktiven Mitmenschen töten darf, dann wehe uns allen, wenn wir alt und altersschwach werden! Wenn man die unproduktiven Menschen töten darf, dann wehe den Invaliden, die im Produktionsprozeß ihre Kraft, ihre gesunden Knochen eingesetzt, geopfert und eingebüßt haben. Wenn man die unproduktiven Menschen gewaltsam beseitigen darf, dann wehe unseren braven Soldaten, die als Schwerkriegsverletzte, als Krüppel, als Invaliden in die Heimat zurückkehren! Wenn einmal zugegeben wird, daß Menschen das Recht haben, ,unproduktive' Menschen zu töten – und wenn es jetzt zunächst auch nur arme, wehrlose Geisteskranke trifft –, dann ist grundsätzlich der Mord an allen unproduktiven Menschen, also an den unheilbar Kranken, den Invaliden der Arbeit und des Krieges, dann ist der Mord an uns allen, wenn wir alt und altersschwach und damit unproduktiv werden, freigegeben [. . .] Wehe den Menschen, wehe unserem deutschen Volke, wenn das hl. Gottesgebot ,Du sollst nicht töten', das der Herr unter Donner und Blitz auf Sinai verkündet hat, das Gott, unser Schöpfer, von Anfang an in das Gewissen des Menschen geschrieben hat, nicht nur übertreten wird, sondern diese Übertretung geduldet und ungestraft ausgeübt wird."

Der Bischof von Münster rechnete damit, von der Gestapo abgeholt zu werden. Er wollte dann aber nur „plenis coloribus" als Bischof mit Mitra und Stab mitgehen, da er sein Hirtenwort als Bischof der Diözese verkündet hat. Die Reaktion bei den Nazistellen: Der Bischof muß aufgehängt werden. Dr. Goebbels sagte daraufhin, daß dies eine Maßnahme sei, die nur der Führer selbst entscheiden könne. Er befürchte allerdings, daß, wenn gegen den Bischof etwas unternommen würde, die Bevölkerung von Münster während des Krieges abzuschreiben sei. Dazu könne man ruhig noch ganz Westfalen nehmen. Nach einem Gespräch mit Hitler notierte Alfred Rosenberg in sein Tagebuch: „Nach dem siegreichen Ende des Krieges ist Bischof Galen zu erschießen."

Aber nicht nur der Bischof von Münster, auch viele andere Bischöfe haben in Hirtenworten das natürliche Recht des Menschen auf das Leben und die zum Leben notwendigen Güter verteidigt.

In dem gemeinsamen Hirtenwort der deutschen Bischöfe vom 12. März 1943, das sich mit den Zehn Geboten befaßt, heißt es zum fünften Gebot unter anderem: „. . . Sonst aber gilt für die Obrigkeit wie für jede Privatperson: Du darfst nicht töten, du darfst Leib und Leben eines unschuldigen Menschen nicht direkt verletzen und vernichten . . . Tötung ist in sich schlecht, auch wenn sie angeblich im Interesse des Gemeinwohles geübt würde, an schuld- und wehrlosen Geistesschwachen und Kranken, an unheilbaren Siechen und tödlich Verletzten, an erblich belasteten und lebensuntüchtigen Neugeborenen, an unschuldigen Geiseln und entwaffneten Kriegsgefangenen oder Strafgefangenen, an Menschen fremder Rassen und Abstammung. Auch die Obrigkeit kann und darf nur wirklich todeswürdige Verbrecher mit dem Tode bestrafen."

Nach so vielen und klaren Worten steigerte sich der Haß Hitlers und seiner engsten Mitarbeiter gegen die Kirche immer mehr.

Es wurde auch immer deutlicher, daß neben den Kommunisten, den Juden und Zigeunern auch die Katholiken als Staatsfeinde angesehen wurden. Gegen die Bischöfe wagte Hitler nicht offen vorzugehen, desto mehr aber gegen die Priester, die die verschiedensten Strafen der allgewaltigen Gestapo wie Bespitzelung, Verhöre, Verleumdung, Predigtverbot, Unterrichtsverbot, Ortsverweisung, Gefängnis, Verwarnung bis zur Einlieferung in ein Konzentrationslager hinnehmen mußten. Pfarrer Dr. Korczok aus Gleiwitz-Öhringen wurde damals auch abgeholt und in ein Konzentrationslager gebracht. Nach einiger Zeit hörten wir, daß er dort umgekommen sei. Auch Pfarrer Scholz aus Ackerfelde wurde ins KZ Dachau eingewiesen. Dies hätte eigentlich uns allen geschehen können. Von befreundeten Familien wurden wir oft gewarnt, in den Predigten vorsichtig zu sein; es war bekanntgeworden, daß die Gestapo Spitzel in die Kirchen schickte, um die Geistlichen zu kontrollieren.

Daß der Kardinal Bertram im Bewußtsein seiner großen Verantwortung als Inhaber der größten Diözese Deutschlands und als Vorsitzender der Deutschen Bischofskonferenz bemüht war, auf diplomatischem Wege durch Proteste und Eingaben an die verschiedensten Stellen bis zu Hitler die Kirche vor größerem Schaden zu bewahren, ist verständlich. Nicht alle Eingaben sind erfolglos geblieben. Den Wert dieser Eingaben hat der Erzbischof von München, Kardinal Faulhaber, in einem persönlichen Brief an Kardinal Bertram zum Ausdruck gebracht, in dem er ihm kurz vor Kriegsende schrieb: „Wir aus der Ferne haben nach den ausgezeichneten Eingaben an höchste Stellen der Staatsregierung den Eindruck, Eure Eminenz arbeiten noch mit der alten Frische und verpflichten die Mitglieder der Fuldaer Bischofskonferenz immer mehr zu unauslöschlichem Dank für die geschichtlichen Dokumente der heutigen Zeit." Kardinal Bertram hat seinen Kampf und Widerstand gegen das Nazi-Regime nicht in demonstrativen Kundgebungen ausgetragen, sondern, wie es seinem Wesen entsprach, mit Bedachtsamkeit und kluger Diplomatie. Er wollte keine Märtyrer machen, was bei einer härteren Linie durchaus auch hätte eintreten können. Als die niederländischen Bischöfe in einem Hirtenbrief gegen die Deportation niederländischer Juden nach Polen protestiert hatten, wurden 300 katholische niederländische Ordensleute, die aus dem Judentum stammten und zum katholischen Glauben konvertiert hatten, verhaftet und nach Auschwitz gebracht, wo sie vergast worden sind; darunter war auch die Karmelitin Edith Stein. Etwas ähnliches hätte bei einer härteren Linie auch in der deutschen Kirche geschehen können.

Wenn die Nebel unserer Zeit einmal gewichen sein werden, wird Kardinal Bertram als ein ganz Großer in der Kirchengeschichte Deutschlands dastehen.

Das gläubige Volk stand in der NS-Zeit hinter seinen Priestern.

Erstaunlich war damals die Haltung des gläubigen Volkes in Oberschlesien. Nachdem die Euphorie der ersten Jahre verrauscht und die kirchenfeindliche Einstellung des Nationalsozialismus immer deutlicher geworden war, haben sich unsere Gläubigen um so fester um ihre Priester geschart. Wohl versuchten die Nazis immer wieder einen Keil zwischen Priester und Bevölkerung zu treiben. Die sogenannten Devisen- und Sittlichkeitsprozesse, die in Szene gesetzt worden waren, hatten keinen anderen Zweck. Niemand glaubte, was die gleichgeschalteten Medien viele Wochen und Monate hindurch kolportierten – zum mindesten war alles mächtig übertrieben. Man hat, wie man so sagt, aus einer Mücke einen Elefanten gemacht. Das Volk kannte ja seine Priester, und daß unter vielen Tausenden auch mal ein schwarzes Schaf sein kann, weiß doch jeder.

Für die Einstellung der Menschen war damals folgendes typisch: In Breslau wollte ein Pater einer alten Dame beim Einsteigen in die Straßenbahn behilflich sein, da erscholl plötzlich aus der voll besetzten Straßenbahn eine Stimme: „Um Himmels willen, Herr Pater, die Hände weg, sonst gibt es wieder einen Sittlichkeitsprozeß!" Alles in der Straßenbahn lachte.

Die Absichten der Nazis nach dem Endsieg der Kirche gegenüber waren allen klar, was uns aber nicht beunruhigte. Wir vertrauten, daß Gott die Bäume nicht in den Himmel wachsen lassen würde. Diesen Optimismus vermittelten wir den jungen Menschen in unseren Gruppen immer wieder. Der liebste Kanon, den wir damals sangen, lautete: „Zeitlich, zeitlich wird die Welt sich drehen, ewig, ewig bleibt das Wort bestehen, und die Kirche Gottes wird nicht untergehen." Viele Priester haben ihren mutigen Einsatz bei der Verteidigung der Kirche mit Verfolgung und Drangsalen bezahlen müssen.* Heute ist bekannt, daß etwa 7300 Weltpriester und 800 Ordensleute verfolgt wurden, d. h.: jeder dritte Welt- und jeder sechste Ordenspriester ist während der Nazi-Zeit politisch verfolgt worden. Keine Gruppe in unserem Volke hat einen solchen Widerstand geleistet. Vielfältig waren die Maßnahmen, mit denen man die katholischen Priester bestrafte: In 537 Fällen erzwang man deren Versetzungen. Mit Ausweisung, Schul- und Predigtverbot wollte man ihren Einfluß auf die Gemeinden verhindern. In 505 Fällen kam es zu Gerichtsverhandlungen, in 282 Fällen zu Verhören durch die Geheime Staatspolizei, in 303 Fällen zu Verwarnungen und in 384 Fällen zu Freiheitsstrafen. 14 Priester sind zum Tode verurteilt worden, 11 Todesurteile wurden auch vollstreckt. 78 Priester wurden in ein Konzentrationslager eingeliefert, davon sind 28 dort umgekommen.

Damit erweist sich der Vorwurf gegen die Kirchen wegen mangelnden Widerstandes als unzutreffend, auf keinen Fall kann dieser Vorwurf der katholischen Kirche gemacht werden. Ich möchte in diesem Zusammenhang auch auf den mit Erfolg durchgeführten Kreuzkampf der Cloppenburger, auf den Aufstand der Bauern wegen der Aufhebung der berühmten Abtei

---

* Theo Lemmer in Hildesheimer Kirchenzeitung: Die Kirche traf es besonders hart.

der Missionsbenediktiner von Münster Schwarzach und auf den Aufstand der Eltern von Mehlsack in Ostpreußen gegen die Aufhebung der katholischen Schule hinweisen.

Einquartierung im Pfarrhaus

In den letzten Augusttagen des Jahres 1939 wurde durch die deutsche Presse die Nachricht verbreitet, daß einige Polen den Gleiwitzer Sender überfallen hätten. Wir waren darüber sehr erstaunt, denn der Sender befand sich in unserem Gemeindebezirk. Am Tage nach dem sogenannten „Überfall" erfuhren wir durch einen bekannten SS-Mann, daß ein Überfall gar nicht stattgefunden habe, sondern die ganze Sache nur inszeniert worden war. Diese und andere Aktionen sollten Hitler nur als Anlaß zum Beginn des Krieges gegen Polen dienen. Für ihn war der Krieg gegen Polen eine beschlossene Sache, als seine Vorschläge betreffend Rückgabe Ostoberschlesiens und des polnischen Korridors nicht angenommen wurden. Er rechnete wohl auch nicht damit, und die Polen dachten nicht im entferntesten daran, das im Versailler Vertrag begangene Unrecht wiedergutzumachen. Im Gegenteil, sie hatten ihre Truppen mobilisiert und verhielten sich in ihrer Presse und dem Rundfunk sehr provokativ. Durch den mit Frankreich abgeschlossenen Nichtangriffspakt fühlten sie sich sicher und reizten Hitler. Sie hofften im Falle eines Krieges auf den Sieg der Alliierten und damit auf die Aufteilung Deutschlands, so daß ihr Traum von der Erweiterung ihrer Westgrenze bis an die Oder und vom Erwerb Ost- und Westpreußens Wirklichkeit werden könne. Plakate dieser Art sind damals in Polen verbreitet worden.

Wir Kapläne schalteten bisweilen auch den polnischen Rundfunk an. Ein Sprecher verhöhnte damals die Tschechen, als das Sudetenland besetzt wurde, mit den Worten: „Widzisz te głupi Czechu, iuż ma Hitler w miechu – siehst du, du dummer Tscheche, schon hat dich Hitler im Sack." In dieser Verhöhnung klingt die ganze Überheblichkeit mit: „Uns Polen kann so etwas nicht passieren, denn hinter uns stehen Frankreich, England und die USA!" Einige Tage vor Ausbruch des Polenfeldzuges bekam unser Pfarrhaus Einquartierung. Für den Generalstab unter General Neuling mußten einige Zimmer freigemacht werden. Unter den Offizieren befand sich auch Hauptmann Doms, dessen Vater die berühmte Schnupftabakfabrik in Ratibor besaß. Durch die Einquartierung wurde es bei uns sehr unruhig. Draußen vor dem Pfarrhaus wurden Wachen postiert und Telefonleitungen gelegt. Kradmelder kamen und gingen, übernächtigte Soldaten kampierten an den Straßenrändern. In der Morgenfrühe des 1. September 1939 überschritten die deutschen Truppen bei Gleiwitz die polnische Grenze. Damit begann der Zweite Weltkrieg. Noch am selben Tage verließ der militärische Stab das Pfarrhaus in Richtung Ostoberschlesien.

Oberkaplan K. Balzer verläßt die Gemeinde nach vierjähriger Tätigkeit, seine Nachfolger und die Errichtung der St.-Elisabeth-Gemeinde

Unsere verschworene Gemeinschaft im Pfarrhaus wurde allmählich auseinandergerissen. Den Anfang machte Oberkaplan Balzer. Ihm bot sich plötzlich die große Chance, eine eigene Pfarrgemeinde zu übernehmen. Sein früherer Pfarrer von Schönwald bei Gleiwitz, Wolf, rief ihn eines Tages an und machte ihn darauf aufmerksam, daß die Pfarrei Thunskirch, früher Tworkau, durch den Tod des Stelleninhabers freigeworden sei. Es war eine Patronatspfarrei. Sie wurde durch den Grafen von Saurma-Jeltsch vergeben. Da Pfarrer Wolf den Grafen gut kannte, wollte er sich bei ihm für seinen früheren Kaplan einsetzen. Am selben Abend saßen wir noch lange beisammen und überlegten, was zu tun sei. Wir Mitkapläne empfahlen, die Chance zu nutzen und sich zu bewerben. Oberkaplan Balzer hat sich dann um die Pfarrstelle beworben und diese erhalten. Er wurde am 14. Juni 1940 in Thunskirch als Pfarrer eingeführt. Als Nachfolger für ihn kam in unsere Gemeinde Kaplan H. Czerwionka aus Himmelwitz. Er war ein sehr lieber Mitbruder. Wir verstanden uns sehr gut. Er hatte viele gute Gedanken für die Seelsorgsarbeit mitgebracht. Da er aber eine zu leise Stimme hatte, konnte er sich in der großen Kirche nicht genügend verständlich machen. Wir baten damals Pfarrer Weinert, für die Kirche eine Lautsprecheranlage anzuschaffen. Er war aber dagegen, da nach seiner Meinung der natürliche Klang der Sprache dadurch verlorenginge und eine Predigt dann nur noch einen halben Wert hätte. Kaplan Czerwionka ist deshalb bald nach Oberglogau versetzt worden, wo er segensvoll gewirkt hat.

Nun erhielten wir einen Neupriester als Mitarbeiter. Es war Kaplan Joachimski. Er war ein überaus fröhlicher Mensch. In der kurzen Zeit, in der er in unserer Pfarrgemeinde wirkte, haben wir ihn alle liebgewonnen. Leider wurde er aber bald zur Wehrmacht eingezogen und ist im Kaukasus durch Partisanen ums Leben gekommen. Wir haben sehr um ihn getrauert.

Da alle jungen Priester inzwischen zum Sanitätsdienst bei der Wehrmacht eingezogen wurden, war es schwer, einen neuen Kaplan zu bekommen. Pfarrer Weinert aber hat es wegen seiner guten Beziehungen zum Jesuitenorden erreicht, daß ein Jesuitenpater zu uns geschickt wurde. Es war Pater Lünenborg.

Das Kloster, in dem er bisher tätig war, war von den Nazis aufgehoben worden. So war er frei, und wir hatten Glück im Unglück.

Es bestand die Gefahr, daß auch Kaplan Jendrzejczyk und ich zur Wehrmacht eingezogen würden. Wir waren schon gemu-

Gruppe der Annaberg-Wallfahrer aus der Pfarrgemeinde St. Bartholomäus, Gleiwitz. In der Mitte der zweiten Reihe Kuratus Jendrzejczyk.
Erste Reihe rechts: Küster Gruchot.

stert. Es mußte daher schnell gehandelt werden. Von der Wehrmacht konnten nur die Priester freigestellt werden, die eine
selbständige Seelsorgsstelle innehatten. Deshalb hat Pfarrer
Weinert im Einverständnis mit dem Kirchenvorstand und dem
Erzbischöflichen Generalvikariat in Breslau das Gebiet der
Pfarrgemeinde, das östlich der Autobahn lag, mit der Rand-
und Waldsiedlung zu einer selbständigen Seelsorgsstelle erhoben. Der erste Kuratus wurde Kpl. Hugo Jendrzejczyk. Er
wohnte noch weiter im Pfarrhaus und half in der St.-Bartholo-
mäus-Gemeinde mit, war aber für alle Taufen, Trauungen,
Beerdigungen und Krankenbesuche seines Seelsorgsbezirkes
zuständig. Da während des Krieges keine neue Kirche gebaut
werden konnte, wurde die alte Wehrkirche auf der Toster
Straße zum vorläufigen Gotteshaus der neuen Kuratiegemeinde
St. Elisabeth bestimmt. Zweimal in der Woche und an allen
Sonn- und Feiertagen wurde dort die hl. Messe gefeiert. Auf
diese Weise war Kuratus Jendrzejczyk vor dem Einzug zur
Wehrmacht gesichert.

Mir selbst kam folgender Umstand zu Hilfe: Der Standort-pfarrer, Erzpriester Bonczkowitz, suchte für die in Gleiwitz und Umgebung neu entstandenen Reservelazarette eine Hilfe, da er diese Aufgabe nicht zusätzlich bewältigen konnte. Ich wurde dafür ausersehen und zum Reservelazarettpfarrer ernannt. Diesen Dienst an den Verwundeten habe ich gern übernommen. Er machte mir sogar große Freude, denn ich merkte, daß der zuständige Oberfeldarzt Dr. Olbrich meine Tätigkeit in jeder Beziehung unterstützte und auch die Soldaten sich auf einen Besuch freuten, das aber nicht nur deswegen, weil ich durch gute Beziehungen Zigaretten bekommen und stets anbieten konnte. Die in den Lazaretten angesetzten Gottes-dienste waren immer gut besucht.

Im Jahre 1942 waren sehr viele Soldaten mit Gelbsucht einge-liefert worden. Durch den Kontakt mit ihnen habe ich mir selbst einen infektiösen Ikterus zugezogen. Dank der liebevol-len Betreuung von Mutter Weinert und der entsprechenden von Oberfeldarzt Dr. Olbrich verordneten Medikamente sowie durch Diät habe ich die Krankheit gut überstanden. Ich machte damals auch noch eine Kur in Karlsbad.

Der heilige Berg Oberschlesiens

Da ich schon drei Jahre lang an keinen Exerzitien teilnehmen konnte, habe ich mich im Oktober 1940 kurz entschlossen, auf den St. Annaberg zu fahren und im Kloster der Franziskaner unter Anleitung eines Paters Privatexerzitien zu machen. Ich war schon oft auf dem heiligen Berg gewesen, war früher von Hindenburg aus und später mit der Jugend von Gleiwitz hin-aufgepilgert. Die erhebenden Wallfahrten erlebte ich mit der weiblichen Jugend im Mai und die großen Männerwallfahrten am Peter-und-Pauls-Tag. Aber noch nie waren die Eindrücke bei mir so tief und nachhaltig gewesen wie damals, als ich im Oktober 1940 aufbrach, um fern vom Getriebe der Welt für mich allein Tage der Besinnung zu halten.

Ich fuhr mit der Eisenbahn von Gleiwitz nach Leschnitz. Es war ein wunderschöner Herbsttag. Das Laub hatte sich verfärbt, die Sonne vergoldete das ganze Land. Langsam wanderte ich zunächst durch die fruchtbare Ebene, vorbei an Wiesen und abgeernteten Feldern. Dann ging es allmählich immer höher hinauf. Dabei gingen meine Gedanken zurück in die Vergangenheit.

Der Annaberg ist der östlichste Ausläufer eines Basaltgebirges, das sich quer durch ganz Deutschland bis hin zur Eifel zieht und vulkanischen Ursprungs ist. Krater dieser Vulkane aus tertiärer Zeit können wir noch heute im Laacher See und in den Maaren der Eifel vorfinden. Die Fundamente des Annaberges bestehen aus flachen Muschelschichten, die sich über die Tarnowitzer Höhen bis in die Gegend von Beuthen O/S erstrecken und die daran erinnern, daß einmal ein großes Meer weite Teile Mitteleuropas bedeckt hatte. Die Abhänge des Annaberges sind mit feinkörnigem Löß bedeckt, den die Winde der Eiszeit angeweht hatten und der die Gegend zu einem Fruchtgarten gemacht hat.

Man kann vermuten, daß schon in heidnischer Zeit auf der Höhe eine Kultstätte gestanden hat. Später wurde auf dem Chelm, wie der Berg ursprünglich hieß, eine Kapelle zu Ehren des hl. Georg, des Drachentöters, errichtet und der Berg St.-Georgs-Berg genannt. Als gegen Ende des Mittelalters in Europa und besonders auch in Schlesien die Verehrung der hl. Mutter Anna einen großen Aufschwung nahm, wurde der Name des hl. Berges in St. Annaberg geändert. Die Annakirche auf der Höhe dürfte von 1450–1500 als Filialkirche von Leschnitz erbaut worden sein. Seither wurde auch das Gnadenbild, das noch heute über dem Hochaltar steht, verehrt. Dieses Gnadenbild stellt die hl. Mutter Anna, die Mutter Mariens,

Maria und das Jesuskind dar, eine Darstellung, die schon im Mittelalter als „St. Anna selbdritt" bezeichnet wurde. Der Ausdruck „selbdritt" stammt aus dem Mittelhochdeutschen und heißt eigentlich „zu dritt". Man wollte dadurch ausdrücken, daß St. Anna nichts aus sich selbst, sondern nur in Verbindung mit den heiligen Personen etwas bedeute. Die Figur ist aus Lindenholz gefertigt und in ein mit Gold und Perlen geschmücktes Kleid gehüllt, das entsprechend den liturgischen Kirchenfarben ausgewechselt werden kann. In die Holzfigur war ursprünglich auch eine wertvolle Reliquie eingelassen, die jedoch in der Zeit des Kulturkampfes verlorengegangen ist. Zu diesem Heiligtum wallfahrteten die Oberschlesier in all den Jahrhunderten. Welch ein Segen von dieser heiligen Stätte ausgegangen ist, davon legen die zahlreichen Votivtafeln und die seit 1764 systematisch aufgezeichneten wunderbaren Erhörungen ein beredtes Zeugnis ab.

Wenige Jahrzehnte nach dem Bau der Annakirche brach die Reformation aus, die auch die Gegend des Annaberges erfaßte. Um den Besitz der Kirche gab es große Kämpfe, die beweisen, daß auch die Anhänger der neuen Lehre sich dem Einfluß des hl. Berges nicht entziehen konnten. In der zweiten Hälfte des 16. Jahrhunderts war die Kirche protestantisch. Im Jahre 1599 befand sie sich wieder in Händen des Leschnitzer Pfarrers, der allerdings nur gelegentlich – an bestimmten Festtagen des Jahres – dort Gottesdienst halten konnte. Die ständige Zunahme von Wallfahrten machte jedoch eine geregelte Seelsorge erforderlich. So wandte man sich an die Minderbrüder, die Franziskaner, die in Gleiwitz eine Niederlassung hatten, und bat sie, die seelsorgliche Betreuung der Wallfahrer zu übernehmen. Die Initiative zur Gründung eines Klosters ging auf den Grafen Melchior von Gaschin zurück, der 1637 Herr von Poremba und damit Besitzer des Annaberges war. Er erreichte es nach vielen Schwierigkeiten, daß am Allerheiligenfest des Jahres 1655 die ersten Franziskaner von Gleiwitz nach Leschnitz übersiedelten.

St. Annaberg in Oberschlesien

Ein Jahr später, am 6. August 1656, wurde die Kirche nach einem feierlichen Hochamt vom damaligen Generalvikar des Fürstbischofs von Breslau dem Orden übergeben. Erster Oberer war Pater Franziskus Rychlowski. Graf Gaschin schenkte ein Grundstück, auf dem ein kleines Kloster aus Holz gebaut werden konnte, in dem die Patres fast neunzig Jahre gewohnt haben. Durch die Familie Gaschin wurde um 1740 schließlich das heutige, massiv gebaute Kloster errichtet. Auch die großartige Kalvarienanlage geht auf die Familie Gaschin zurück.

Bei der Säkularisation im Jahre 1810 wurden das Kloster und die Kirche vom Staat beschlagnahmt. Es durfte nur ein Pater für die Ausübung der Seelsorge auf dem Berg bleiben. In der Folgezeit gab es langwierige Verhandlungen zwischen dem Staat und dem Grafen Gaschin, der das Grundstück auf dem Berge dem Papst mit allen Rechten überlassen hatte und als Souverän in der Säkularisation gar nicht betroffen werden durfte. Im Jahre 1832 wurden die Kirche und das Kloster dem Fürstbischof von Breslau zur freien Verfügung überlassen. 1856 gingen diese endgültig in den Besitz des Fürstbischofs über. Die Regierung war gezwungen nachzugeben, denn das gläubige oberschlesische Volk ließ sich seine Wallfahrten nicht nehmen, pilgerte immer wieder hinauf auf den Berg und flehte um Gottes Schutz und Hilfe in den Nöten der Zeit. Durch die Übernahme der heiligen Stätten durch den Fürstbischof von Breslau begann eine neue Phase in der Entwicklung. Die lange vernachlässigten Bauten wurden restauriert und eine geregelte Seelsorge durch die Anstellung eines Kalvarienpredigers eingerichtet. Der Kalvarienprediger mußte am Karfreitag, den Kreuzfesten, zu Pfingsten, Mariä Himmelfahrt und an den sonstigen Wallfahrtstagen mit den Wallfahrern den Kreuzweg beten und über das Leiden Christi predigen.

Allmählich wurde der Annaberg zu einem religiösen Mittelpunkt für das ganze Land, so daß der eine Kalvarienprediger nicht ausreichte. Der Fürstbischof verhandelte deshalb mit verschiedenen religiösen Orden. Schließlich waren die Franziskaner der sächsischen Provinz bereit, die Betreuung des Heiligtums zu übernehmen. Die Übernahme erfolgte am 13. August 1859.

In der Zeit des Kulturkampfes kamen dann wieder dunkle Tage für das Kloster. Die Franziskaner wurden aus ihrem Haus vertrieben und zogen damals aus Schlesien fort nach Holland und Nordamerika. Nach Aufhebung der Maigesetze konnte am 2. Oktober 1887 Pater Athanasius zurückkehren. Er ging mit großer Tatkraft daran, die verschiedenen Kapellen der einzelnen Stationen der Kalvarie zu erneuern und die verwitterten Bilder durch geschnitzte Holzfiguren zu ersetzen. Sein Verdienst war auch die Errichtung der Lourdesgrotte, vor der sich die immer größer werdenden Pilgerscharen zum Gottesdienst versammeln konnten. Das später neuerrichtete Pilgerheim konnte über tausend Pilger aufnehmen.

Von der Jahrhundertwende an nahmen die Wallfahrten einen ungeahnten Aufschwung. Unvergeßlich sind die Wallfahrten zum Fest der hl. Mutter Anna im Juli, die Jungfrauenwallfahrt im Mai und die Wallfahrt der Männer und Jungmänner am Fest der hl. Apostel Petrus und Paulus. Ich war mehrfach dabei. Nur mit Ergriffenheit kann man sich an den Glaubensmut des katholischen Volkes in den Tagen der Naziherrschaft erinnern. Trotz großer Behinderungen hatten sich damals über hunderttausend oberschlesische Frauen und Männer um den Kardinal geschart.

In der Nazizeit versuchte man, das Volk allmählich vom Heiligtum abzuwenden und den Berg zu einer rein völkischen Begegnungsstätte zu machen. Das „Sankt" in der Bezeichnung wurde gestrichen. Fortan wurde er nur noch der Annaberg genannt. Ein Ehrenmal und eine Thingstätte wurden errichtet und eine große Jugendherberge gebaut.

Trotz größter Bemühungen ist es aber den Nazis nie gelungen, den heiligen Berg umzufunktionieren. Sie hatten sich verrechnet und nicht an eine so starke Gläubigkeit des oberschlesischen Volkes geglaubt.

Als ich einige Zeit den Berg hinaufgestiegen war, verließ ich die Hauptstraße und schlug den Weg ins romantische Kühtal zum Ehrenmal ein. Bisher war ich noch nie dorthin gekommen. Das Ehrenmal war im Jahr 1938 zur Erinnerung an die Niederschlagung des dritten polnischen Aufstandes vom Jahr 1921 errichtet worden. Von dieser Stelle aus bot sich mir ein wunderbarer Blick über das ganze Land bis hin zur Oder. Über mir tauchte ein Segelflugzeug auf, das vom Segelflugplatz am Steinberg gestartet war. Der Steinberg war für die Segelflieger Oberschlesiens ein Begriff. So mancher segelflugbegeisterte Junge hatte dort seine ersten Hüpfer auf einer „Grunau-Baby" gemacht. Der Pilot des Segelflugzeugs hatte eine gute Thermik angetroffen und zog seine Kreise in immer größeren Höhen. Aus meinen Träumen wurde ich durch das Angelusläuten der Klosterkirche auf der Höhe herausgerissen. So betete ich noch den „Engel des Herrn" und ging dann in das Ehrenmal hinein.

Dieses Ehrenmal und die darunterliegende Thingstätte sollten eine Kultstätte für das ganze Volk werden, entsprechend dem Tannenbergdenkmal in Ostpreußen, der Feldherrnhalle in München und der Walhalla bei Regensburg. Nach der für Polen ungünstigen Abstimmung vom 20. März 1921 versuchten polnische Insurgenten, unterstützt von aus Polen eingeschleusten Soldaten, im dritten Aufstand Oberschlesien endgültig in ihre Gewalt zu bekommen. Sie machten dabei große Fortschritte und drangen bis an die Oder vor. Der Annaberg wurde ebenfalls in Besitz genommen. Das war für sie von größter Bedeutung, denn von hier konnte man das ganze Land einsehen. Fast drei Wochen flatterte auf der Höhe die weißrote Fahne mit dem polnischen Adler. Aber dann hatte sich der Selbstschutz gebildet, unterstützt von Deutschen aus allen Stämmen – allen voran die Freikorps Oberland aus Bayern und Tirol. Sie vertrieben die

Polen in der sogenannten „Schlacht am Annaberg" am 21. Mai 1921 vom Berg und ostwärts ins Tal bis an die Grenze. Wieder wehte auf dem Berg Deutschlands Fahne.

An dieser Stätte wurden mir jene Tage wieder besonders lebendig, weil mein Schwager Edmund Mattern, der stellvertretender Direktor an der Berufsschule in Hindenburg war, in unserer Familie viel vom Sturm auf den Annaberg erzählt hat. Er und sein Bruder waren als junge Burschen mit dabei. Ich konnte es darum auch verstehen, daß er die kirchliche Trauung mit meiner Schwester nicht in der zuständigen St.-Anna-Kirche in Hindenburg haben wollte, sondern in der Klosterkirche auf dem St. Annaberg.

Es ist verständlich, daß ein Volk seine Helden feiert. Es war darum auch verständlich, daß dieses Ehrenmal am St. Annaberg errichtet worden ist. Wenn die Nazis den völkischen Gedanken damals aufgegriffen haben, dann taten sie es mit großem Geschick und errichteten eine Gedenkstätte, die sich sehen lassen konnte. Das Mahnmal war ein Kuppelbau und ähnelte einer normannischen Trutzburg. Weil Freikorpskämpfer aus ganz Deutschland bei der Erstürmung des Annabergs beteiligt waren, sollte auch ganz Deutschland an diesem Monument Anteil haben.[*] In der Mitte der runden Ehrenhalle, die einen Durchmesser von zehn Metern und eine lichte Höhe von 7,50 Meter hatte, stand als Symbol des neuen Deutschland das Denkmal eines erwachenden Kriegers, dessen Gesicht nach oben dem Licht zugewandt war. Auf den Knien hielt er griffbereit das Schwert, um Heimat und Volk zu schützen. Der Münchener Bildhauer Fritz Schmoll hat an Ort und Stelle die überlebensgroße Gestalt aus einem 280 Zentner schweren, rotbraunen Porphyrblock gemeißelt. Von der Kuppel fiel Licht auf das Gesicht des erwachenden Kriegers. Der zentrale Innenraum war von einer Mauer umschlossen, die an zwölf Stellen

---

[*] Pater Lucius Teichmann, Steinchen aus dem Strom, Wienand-Verlag, Köln, S. 36

durchbrochen war und die gleichsam wie zwölf massive Pfeiler die gemauerte Kuppel trug. In elf dieser gewölbten Mauerdurchbrüche stand je ein Sarkophag aus grünlichem Porphyr. Die zwölf gewölbten Mauerdurchbrüche führten zu einem 1,50 Meter breiten dahinterliegenden Gang, der rings um die Zentralhalle lief. Er erhielt gedämpftes Licht durch Sehschlitze, die in der Außenmauer angebracht waren. In die Wand waren die Namen der 51 Gefallenen eingemeißelt, die in einer darunterliegenden Gruft beigesetzt waren. Das Ganze vermittelte eine feierliche Atmosphäre.

Ebenso würdig war auch die Thingstätte, die etwas unterhalb für etwa 60 000 Besucher errichtet worden war. Sie hatte eine einmalige Akustik, so daß alle Zuhörer selbst von den obersten Rängen jedes gesprochene Wort auch ohne Lautsprecher deutlich hören konnten. Freilich haben das Ehrenmal und die Thingstätte nie die Bedeutung erlangt, die seine Erbauer beabsichtigten. Sie sollten ein Gegengewicht zu den Wallfahrten werden, wurden aber vom oberschlesischen Volk nie angenommen.

Nun setzte ich meinen Weg zur Höhe weiter fort, kam in den Ort hinein, stieg die zahlreichen Stufen zur Klosterkirche hinauf und schellte an der Klosterpforte. Ich wurde schon erwartet, denn ich hatte mich ja angemeldet. Mir wurde eine Klosterzelle zugewiesen, ich nahm zusammen mit den Patres und Brüdern die Mahlzeiten ein, betete mit ihnen die Tagzeiten und feierte mit ihnen die Konventsmesse. Unter Anleitung eines Paters hielt ich die Betrachtungen. Im übrigen ging ich viel hinaus – zur Lourdesgrotte, wo die großen Wallfahrtsgottesdienste stattfanden, und betete dort den Rosenkranz. Ich ging auch in aller Stille den großen Kreuzweg, die sogenannte Kalvarie. Das wellige Gelände des Annaberges mit seinen Schluchten und Hängen war besonders gut geeignet, den Weg Golgatha nachzubilden. In den einzelnen weißen Kapellen wurden die verschiede-

Besucher der Grotte aus Gleiwitz mit Pfarrer Jonientz

nen Phasen des leidenden Herrn dargestellt. Die Umgebung
erhielt biblische Bezeichnungen, wie Kalvarienberg, Berg Sion,
Tal Josaphat und Ölberg. Ein kleiner Bach am Fuße des Ölber-
ges hieß Cedronbach, ein nach Süden fließender Bach wurde
Jordan genannt. Überall auf dem Gelände stehen uralte Bäume,
die dem Ganzen ein sehr romantisches Gepräge geben. Ich habe
später viele Wallfahrtsorte im Westen besucht, aber nirgends,
nicht einmal in Jerusalem selbst, eine ähnlich schöne Kalvarie
vorgefunden. Kein Wunder, daß beim oberschlesischen Volk
die Kalvarienandacht so beliebt war, vor allem auch deshalb,
weil die Franziskaner-Patres es verstanden, den Pilgern das Leiden des Herrn in volkstümlichen Predigten zu verkünden.

Innerlich bereichert kehrte ich stets nach meinen Wanderungen ins Kloster zurück. Bei der Rekreation am Abend hörte ich
etwas von der umfangreichen Tätigkeit der Franziskaner. An
wallfahrtsfreien Tagen drängten sich zahlreiche religiöse Kurse,
die für alle Schichten und Gruppen der Bevölkerung durchge-

Musikkapelle beim Gottesdienst an der Grotte

führt wurden. Das großzügig gebaute Pilgerheim und die angeschlossene Wanderherberge konnten bis zu 1500 Personen aufnehmen und beköstigen. Vom Frühjahr bis zum Herbst kamen täglich Schulklassen auf den Berg, nicht nur als Ziel eines Ausfluges, sondern auch, um zu beten und die hl. Mutter Anna zu grüßen. Immer wieder konnte man von allen Seiten singen hören: St. Anna, voll der Gnaden, Du Bild der Heiligkeit, gepriesen sei Dein Name jetzt und in Ewigkeit . . .! Hier schlug das Herz Oberschlesiens. Daß dies alles den Nazis ein Dorn im Auge war, ist verständlich – es war gegen ihre Ideologie. So suchten sie den Einfluß der Franziskaner immer mehr zurückzudrängen. Zuerst mußte das Missionsmuseum, das einmalig in seiner Art in ganz Ostdeutschland war, geschlossen werden, dann verboten sie die Wallfahrten, und schließlich vertrieben sie die Franziskaner am 17. Juni 1941. Aber der Berg blieb doch Sieger. Heute sind dort wieder Franziskaner und hüten das Heilig-

Kardinal Bertram beim Festgottesdienst an der Lourdesgrotte anläßlich der Männerwallfahrt zum Feste der hl. Apostel Petrus und Paulus.
Er segnet mit Weihrauch den festlich geschmückten Altar.

Kardinal Bertram verkündet die Frohe Botschaft und ermuntert die
Männer zur Treue im Glauben. An seiner Seite Prälat Kubis von
Oppeln.

Der Hochaltar mit dem Gnadenbild in der Gnadenkirche.

Das Gnadenbild St. Anna selbdritt.

Treppe zur Gnadenkirche auf dem St. Annaberg.

Der greise Kardinal Bertram segnet das Volk, das ihn elırfurchtsvoll
umringt.

tum. Sie haben die Klosterkirche großartig restauriert, und wie in den vergangenen Jahrhunderten pilgert das Volk wieder betend und singend hinauf zum Heiligtum der hl. Mutter Anna.

Am letzten Abend meines Aufenthaltes im Kloster besuchte ich noch einen Mitbruder aus meinem Priesterkursus, Franz Dussa, der im Ort als Kuratus eingesetzt war. Wir saßen lange zusammen. Er erzählte von seiner Arbeit, ich von der meinen in Gleiwitz. Von seinem Fenster hatte man einen großartigen Ausblick in das Tal. Als es dunkel geworden war, konnte ich die Lichter der fernen Ortschaften erkennen. Es war ein unvergeßlicher Abend. Am nächsten Morgen mußte ich Abschied nehmen.

Beim Abstieg vom St. Annaberg sang ich das Lied des Heimatdichters Alfred Nowinski: „Du oberschlesische Heimat, du wälderrauschendes Land . . .!" Ich hatte als Primaner des Königin-Luise-Gymnasiums in Hindenburg in der Aula einen Vortrag über den Heimatdichter Alfred Nowinski gehalten und durfte im Anschluß das von ihm gedichtete und von W. R. Kügele vertonte Lied vorsingen. Es ist mir seitdem in Fleisch und Blut übergegangen:

Du oberschlesische Heimat, du wälderrauschendes Land,
wie festlich schmückt deine Fluren der Oder silbernes Band.
Still betend falt ich die Hände, schau fromm zum Himmel hinauf
und seh mit dankendem Blicke der Sonne segnenden Lauf.
In Treue will ich dich lieben, mein Schwur sei heiliges Pfand,
du oberschlesische Heimat, du wälderrauschendes Land.

Grün breiten deine Gefilde sich in der östlichen Mark
im Schutze wackerer Männer, so eichenrüstig und stark.
Vieltausend fleißige Hände erhalten häusliches Glück,
das froh aus Seele und Herzen klingt in dem Worte zurück,
in Treue will ich dich lieben . . .

Es wird mein Auge sich schließen dereinst zum ewigen Schlaf,
vom Todesstrahle geblendet, der manchen Bruder schon traf;
und mit ersterbendem Atem sprech ich mein letztes Gebet,
mit dem mein scheidendes Grüßen im Dämmer-Dunkel verweht.
Ich habe treu dich geliebet, mein Schwur sei heiliges Pfand,
du oberschlesische Heimat, du wälderrauschendes Land.

Gestärkt kehrte ich nach Gleiwitz zurück. Es waren meine
letzten Exerzitien in der Heimat.

Die Gestapo schlägt zu

Der Juli 1941 war für uns ein sehr trauriger Monat. Kuratus
Jendrzejczyk wurde von der Gestapo abgeholt und in Unter-
suchungshaft genommen. Da er von der Stelle weg abgeführt
worden war und nichts mitnehmen konnte, bin ich gleich am
nächsten Tag ins Gestapo-Gefängnis gegangen und habe ihm
sein Brevier, etwas Wäsche, den Rasierapparat und einige Utensilien gebracht. Ich tröstete ihn in Gegenwart eines Beamten der
Gestapo, daß sich seine Unschuld sicher bald herausstellen und
er wieder freikommen würde. Was war der Anlaß für die Verhaftung? Kuratus Jendrzejczyk hatte bei der Beerdigung eines
beim Baden ertrunkenen Mitgliedes der Motor-SA die Angehörigen trösten wollen. Er sagte damals: „Es ist traurig, einen so
jungen Menschen zu verlieren, aber wer weiß, was ihn in seinem Leben noch erwartet hätte, denn wir gehen einer düsteren
Zukunft entgegen." An der Beerdigung hatte auch eine Abtei-
lung von SA-Männern mit der Hakenkreuzfahne teilgenommen. Sie nahmen Anstoß an den Worten und zeigten den Kuratus wegen Unruhestiftung unter der Bevölkerung und wegen
Vergehens gegen das Heimtückegesetz an. Das war der äußere
Anlaß für die Verhaftung. Der Gestapoleiter Simon hatte ihn

freilich schon längere Zeit unter Beobachtung gestellt und suchte nur nach einer günstigen Gelegenheit, um ihm den Prozeß zu machen.

Pfarrer Weinert, der in diesen Tagen gerade Urlaub in Badgastein machte, brach diesen sofort ab und kehrte nach Gleiwitz zurück. Wir haben lange Wochen um Hugo Jendrzejczyk gebangt und für ihn in der Gemeinde gebetet. Novenen wurden abgehalten, die Marianische Kongregation, deren Präses er war, hat sogar mit Fahrrädern eine Wallfahrt unternommen und um seine Freilassung den Himmel bestürmt. Der Kuratus hat in dieser Zeit viel durchgemacht, aber schließlich ist er doch entlassen worden, weil sich einflußreiche Leute für ihn eingesetzt haben und der Staatsanwalt beim Sondergericht, der kein Nazi war, das Verfahren eingestellt hat. Nach seiner Entlassung aus dem Untersuchungsgefängnis blieb er nicht mehr lange bei uns in Gleiwitz. Er war hier zu sehr gefährdet. Auf seine Bitte hin wurde er von Kardinal Bertram als Pfarrvikar nach Rosenberg versetzt. Nach dem Weggang von Kuratus Jendrzejczyk wurde ich zum Kuratus der St.-Elisabeth-Gemeinde ernannt.

Urlaub in Bad Reinerz

Im Juli 1942 machte ich einige Tage Urlaub in Bad Reinerz. Im Franziskusheim fand ich eine gute Unterkunft. Das Haus war mir schon deshalb sympathisch, weil dort eine Hauskapelle war, in der ich täglich die hl. Messe feiern konnte, und weil ich wußte, daß ich unter Gleichgesinnten war. In der Zeit damals, wo man leicht wegen eines unbedachten Wortes angeschwärzt und von der Gestapo eingesperrt werden konnte, suchte man sich gern den Personenkreis aus, bei dem man frei von der Leber reden konnte. Überdies hat Pater Bernardin, der Leiter des Hauses, mit seinem sonnigen Humor und den unzähligen

Witzen stets für eine gute Stimmung gesorgt. Immer wieder konnte man es erleben, wie Gäste des Hauses in einer Gruppe zusammenstanden und hell auflachten, und wenn man dann hinschaute, war Pater Bernardin dort, der wieder einen seiner guten Witze vom Stapel gelassen hatte.

Da damals keine Möglichkeit bestand, seinen Unwillen gegen das NS-System zum Ausdruck zu bringen, sind viele politische Witze in Umlauf gebracht worden. Politische Witze sind Indikatoren für das Meinungsklima. Jeder, der einen neuen guten Witz gehört hat, hat diesen dann bald seinen Freunden und Bekannten weitererzählt. So ist der politische Witz gleichsam zu einem Ventil geworden, durch das innerlich Dampf abgelassen werden konnte. Ja, er entwickelte sich zu einer geistigen Waffe im Kampf gegen den Nationalsozialismus. Das haben die Nazis natürlich erkannt und wegen eines Witzes oft schwere Strafen verhängt. Es sind manche sogar wegen Verunglimpfung des Staates ins Konzentrationslager gekommen. Deswegen mußte man sehr vorsichtig sein und sich die Leute ansehen, wenn man einen Witz zum besten gab. Einmal saßen wir an einem Abend in größerer Runde im Franziskusheim beisammen, wobei jeder zur Gemütlichkeit einen guten Witz beigesteuert hat. Wir haben selten so viel gelacht wie an diesem Abend. Ich möchte hier nur eine kleine Kostprobe geben:

Antek und Franzek unterhalten sich über die Zukunft. Antek fragt den Franzek: „Franzek, was wirst du nach dem Kriege machen?" Franzek antwortet: „Ich werde mit meinem Fahrrad eine Fahrt um ganz Großdeutschland machen!" Darauf fragt ihn Franzek: „Und was wirst du dann am Nachmittag tun?"

Ein Mann kommt zum Standesamt und möchte seinen Namen ändern lassen. Der Standesbeamte fragt ihn: „Wie heißen Sie?" Er antwortet: „Adolf Stinkleitner!" Der Standesbeamte meint: „Da haben Sie ganz recht. Einen solchen Namen möchte ich auch nicht haben. Wie wollen Sie in Zukunft heißen?" Die Antwort: „Fritz Stinkleitner!"

Ein Lehrer kam nach Ostern in eine neue Klasse. Er wollte gern die Vornamen seiner Schüler wissen und fragte jeden einzelnen danach. Der erste sagte: „Ich heiße Karl." Der Lehrer: „Ein sehr schöner Name. Karl, der Große. Er hat das Großdeutsche Reich begründet. Und wie heißt du?" fragte er den zweiten: „Ich heiße Hermann." – „Wunderbar! Hermann, der Cherusker, der die Römer im Teutoburger Wald besiegt und das Land von der Knechtschaft der Römer befreit hat. Toll." Der Lehrer fragt das dritte Kind: „Wie heißt du?" – „Ich heiße Fritz." – „Großartig, Friedrich, der Große. Der große Preußenkönig, der Sieger in zahlreichen Schlachten." Und so ging es immer weiter. Immer wußte der Lehrer für einen Vornamen eine Erklärung aus großer deutscher Vergangenheit. Schließlich stand da noch ein kleiner Judenjunge. Der Lehrer fragte auch ihn: „Wie heißt du?" Er antwortete: „Herr Lehrer, Sie werden lachen, aber ich heiße Adolf."

Hitler, Himmler und Goebbels sind mit dem Auto durch ein bayerisches Dorf gerast und haben einen Hund überfahren. Sie sagten sich, wir müssen uns beim Bauern entschuldigen. Hitler schickte Himmler ins Haus. Dieser kam aber bald heraus. Er wurde beschimpft und davongejagt. Hitler bat nun Goebbels: „Joseph, geh du hinein und bring die Sache in Ordnung." Goebbels ging ins Haus und kam nach einiger Zeit heraus. In seinen Armen trug er einen großen Korb mit Eiern, Butter, Wurst und Schinken. Darüber war Hitler sehr erstaunt und fragte: „Joseph, wie hast du dies nur fertiggebracht?" Goebbels antwortete: „Das war ganz einfach. Ich kam ins Zimmer und sagte nur: ‚Heil Hitler, der Hund ist tot!' "

Gern wurden auch humorvolle Äußerungen von Kardinal Bertram erzählt, die seine ablehnende Einstellung zum Nationalsozialismus deutlich machten:

Im Jahr 1934 besuchte Kardinal Bertram ein Jugendlager in seiner Diözese. Er ermahnte dabei die Jungmänner, stets als Christen ihrem Namen Ehre zu machen. „Ihr tragt alle den Namen eines Heiligen", sagte der Kardinal, „leider habe ich mit meinem Namen Pech gehabt. Erst war da Gustav Adolf, der Schwedenkönig. Dann kam 1919 ein neuer Adolf, Adolf Hoffmann, der nationalistische Kultusminister in Preußen, und jetzt ist schon wieder so ein Adolf da."

Es wird dem Kardinal Bertram nachgesagt, er habe nie den deutschen Gruß erwidert. Als ihn einmal jemand provozieren wollte und ihn anredete: „Heil Hitler, Herr Kardinal!", soll er geantwortet haben: „Heil du ihn doch. Ich kann es nicht."

Als der Kardinal anläßlich der Reichstagswahl das Wahllokal betrat, um seiner Bürgerpflicht zu entsprechen, erhoben sich die NS-Wahlaufseher und grüßten mit erhobener Hand: „Heil Hitler!" Der Kardinal erhob auch seine rechte Hand, machte ein Kreuz und sagte: „Gott segne ihn."

So versuchten die Menschen damals wenigstens mit politischen Witzen ihren Unwillen gegen das Nazi-Regime zum Ausdruck zu bringen.

Da das Wetter in den Tagen meines Aufenthaltes in Bad Reinerz sehr schön war, ging ich kaum in den Kurpark, sondern wanderte lieber hinaus in den Wald und in die Berge.

Als ich eines Tages von einem Ausflug auf die Hohe Mense heimkehrte, stellte ich fest, daß sich ein Cartellbruder von der katholischen farbentragenden Verbindung Winfridia, Dr. Hanns Neumann, Journalist in Breslau, bei mir einquartiert hatte. Ich hatte ihn während des Studiums in Breslau kennengelernt. Er war nach Bad Reinerz gekommen, um für einige Tage auszuspannen, konnte aber nirgends ein Zimmer bekommen. Seine letzte Zuflucht war schließlich das Franziskushaus. Natürlich war auch kein Zimmer frei. Als er aber hörte, daß ich im Haus war, war für ihn das Problem gelöst.

Wir haben sehr wertvolle Gespräche miteinander geführt. Vor allem waren wir uns einig in der Beurteilung des Nationalsozialismus. Ich erfuhr von ihm, daß ein Herr Albrecht aus der Umgebung des Reichsleiters Bormann folgendes gesagt haben sollte: „Wir müssen künftig auf der Grundlage vorgehen, daß sich Nationalsozialismus und Christentum ausschließen. Die Kirchen und das Christentum müssen vernichtet werden. Wenn nach diesem siegreichen Krieg das Welturteil über die Juden gefällt ist, wird auch das Urteil über das Christentum fallen." Da hatte wieder einmal jemand die Katze aus dem Sack gelassen.

Man wollte also bloß noch das siegreiche Ende des Krieges abwarten und dann die Endlösung der Kirche herbeiführen. Inzwischen aber tat man alles, um die Priester zu diskriminieren.

Als ich an einem Zeitungskiosk auf der Titelseite des „Stürmers", dem Schmutzblatt der Nazis, wieder einmal das entstellte Bild eines Priesters sah, entschloß ich mich, dagegen etwas zu tun. Ich sagte zum Cartellbruder Dr. Neumann, daß ich am Nachmittag im Kurpark predigen wolle, und bat ihn, mich zu begleiten. Zuerst schaute er mich etwas mißtrauisch an, war dann aber sofort damit einverstanden, als ich ihm erklärte, was ich vorhätte. Ich wollte nicht mit Worten predigen, sondern durch mein Auftreten. Nach dem Kaffee zog ich mir den Römerrock an. Ich hatte ihn mir in Breslau von einem ehemaligen Militärschneider nähen lassen. Er saß wie angegossen. Vorher hatte ich mir die Schuhe auf Hochglanz poliert. Den Hut und die schwarzen Handschuhe in der linken Hand, so gingen wir zum Kurpark, in dem gerade Hochbetrieb war. Während die Kurkapelle schöne klassische Musik spielte, gingen wir lässig auf und ab. Cartellbruder Neumann stieß mich ab und zu in die Seite und flüsterte: „Du, die machen vielleicht Augen, sie drehen sich sogar nach dir um. Da kommt ein Goldfasan (Nazifunktionär), ich bin neugierig, wie er reagieren wird." Er kam näher, sah mich und mußte schlucken. Es kam auch eine Gruppe höherer Offiziere, darunter ein Ritterkreuzträger, vorbei. Mein Begleiter: „Du, die Blicke aller sind auf dich gerichtet." Im Vorbeigehen hörten wir noch das eine Wort: „Toll!" Wir waren uns auf dem Nachhauseweg einig, daß es eine gute Predigt war und wiederholt werden müßte, um das in der Öffentlichkeit entstellte Bild des Priesters wieder etwas zurechtzurücken. Im übrigen haben Kuratus Jendrzejczyk und ich das auch in Gleiwitz ab und zu so gemacht. Wir haben uns bewußt den besten Anzug angezogen und sind dann auf der belebten Wilhelmstraße auf und ab gegangen. Ob dies nicht eine Empfehlung auch für viele Mitbrüder unserer Zeit sein könnte, statt sich zivil zu kleiden, sich in würdiger Kleidung als Priester deutlich erkennbar auf den Straßen unserer Städte zu zeigen – freilich, das möchte ich besonders betonen – in würdiger Kleidung!

Pater Leppich in Gleiwitz

Anfang 1944 wurde Pater Lünenborg Superior des Jesuitenklosters in Beuthen. Wir hatten nochmals Glück, daß wir für ihn einen Ersatz bekamen – es war Pater Leppich. Pater Leppich war auch zur Wehrmacht eingezogen worden. Als aber durch einen Führererlaß die Mitglieder des Jesuitenordens als wehrunwürdig erklärt wurden, ist er aus der Wehrmacht ausgestoßen worden. Der Provinzial schickte ihn zu uns nach Gleiwitz. Eigentlich sind Ordensleute nicht für normale Gemeindeseelsorge bestimmt. Für sie sind entsprechend ihrer Ausbildung

Pater Leppich und der Verfasser des Buches 1945 nach dem Einmarsch der Russen

Pater Leppich und der Verfasser des Buches vierzig Jahre später beim Königsteiner Priestertreffen 1985

und Zielsetzung außerordentliche Aufgaben vorgesehen. Aber damals war der Einsatz vieler Ordensleute auch in Pfarrgemeinden erfolgt, da sie in den außerordentlichen Tätigkeiten stark behindert und zahlreiche Klöster durch die Nazis aufgehoben worden waren.

Pater Leppich war damals noch nicht „das Maschinengewehr Gottes", der berühmte Draufgänger, dem später zweiundzwanzig Jahre hindurch die Menschen auf der Straße, auf Marktplätzen, in Fußballstadien und großen Kirchen lauschten, weil er sie mit seiner kernigen Sprache ins Herz traf. Die St.-Bartholomäus-Gemeinde war eine gute und lebendige Gemeinde. Die

Pater Leppich mit einer seiner zahlreichen Jugendgruppen
im Jahre 1944

Kirche war bei den Gottesdiensten an den Sonn- und Feiertagen
und auch an den Werktagen immer gut besucht und die Beicht-
stühle stets belagert. Das Kirchenvolk stand hinter seinen Priestern. So mußte auch die Seelsorg-Methode dementsprechend
sein. Von den Priestern wurden Treue und Durchhaltevermö-
gen in den vielen alltäglichen Pflichten verlangt. Pater Leppich
mußte sich also allen Diensten eines Kaplans in Kirche, Pfarr-
heim, Pfarrbüro, im Religionsunterricht und der Gruppenar-
beit stellen. Dazu kamen die Haus- und regelmäßigen Krankenbesuche. Er ist von Anfang an voll und ganz in die Arbeit
eingestiegen. Wenn er auch in allen Bereichen der Seelsorge seinen Mann stehen mußte, so widmete er sich besonders den
Jugendlichen. Gerade dafür entwickelte er ein besonderes
Gespür. Er gründete viele neue Jugendgruppen. Ich glaube, es
waren etwa zwanzig neue Gruppen. Zu jeder Gruppe gehörten
zehn Jugendliche und ein Gruppenführer. Die Gruppenführer
wurden regelmäßig geschult und zur Selbständigkeit erzogen.

Es genügte Pater Leppich aber nicht, ihnen nur die Fähigkeiten zur Gruppenführung und zur Gestaltung von Gruppenstunden zu vermitteln, er wollte ihnen auch eine gewisse Spiritualität zukommen lassen. Dies geschah durch Belehrung, Gebet und Schriftlesung. Die Gruppen kamen in der Regel in einer Familie zusammen. Pater Leppich und ich besuchten diese Gruppen regelmäßig, bisweilen drei an einem Abend. Überall blieben wir nur zwanzig bis dreißig Minuten, hielten eine kleine Ansprache zur Aufmunterung, dann ging es weiter. Immer präsent sein. Es machte viel Spaß. Die Jugend hielt zusammen und machte mit, was wir an der regen Beteiligung an den Jugendmessen und den vielen anderen Veranstaltungen sehen konnten. Am Waldesrand wurde ein Muttergottesbild aufgestellt. Dorthin zogen wir oft mit den Gruppen hinaus und hielten eine Andacht in Gottes freier Natur. Ich denke mit Freude und Dankbarkeit an diese Zeit zurück. Sie hätte nur länger dauern sollen.

Die Wunderwaffe

Mit Stalingrad war im Ostfeldzug die große Wende eingetreten. Seitdem befanden sich die deutschen Armeen auf einem ständigen Rückzug. Es war fraglich, ob und wo die vorwärts stürmenden sowjetischen Truppen aufgehalten werden konnten, die durch amerikanische Unterstützung immer stärker geworden waren. In der Sommeroffensive des Jahres 1944 konnten sie die deutschen Truppen aus dem Gebiet der Sowjetunion vertreiben und in Polen bis an die Weichsel vordringen. Es war ihnen sogar gelungen, Brückenköpfe über die Weichsel südlich von Warschau bei Magnuszew, Pulawy und Baranow zu bilden und diese bei Gegenangriffen zu halten und auszubauen. Damals ist das Wort von einer Wunderwaffe mit ungeheurer

Sprengkraft in Umlauf gekommen, die in Auftrag gegeben war und letztlich den Sieg bringen sollte.

Viele in der Heimat und an der Front haben an diese Wunderwaffe geglaubt. Der Glaube daran hat ihren Widerstandswillen gestärkt. Diese Wunderwaffe konnte nicht die V 1 und V 2 sein. Es konnte sich nur um die Atombombe handeln. In der Tat wurde Hitler von einigen Wissenschaftlern schon lange vorher der Vorschlag zum Bau der Atombombe unterbreitet. Als er aber von den hohen Kosten hörte und daß es mindestens drei Jahre dauern würde, ehe die erste Atombombe einsatzbereit wäre, winkte er ab. Er hatte damals noch geglaubt, auch die Sowjetunion in einem Blitzkrieg niederringen zu können. Als aber die Amerikaner über Schweden erfuhren, daß der Bau einer Atombombe in Berlin besprochen worden war, haben sie nicht lange gezögert und sind gleich ans Werk gegangen. Sie haben die Bombe dann auch als erste hergestellt. In Deutschland selbst aber ist das Wort von der Wunderwaffe seitdem niemals verstummt und hat besonders in der Zeit der Rückschläge viele im Glauben an den Sieg bestärkt.

Im September 1944 bekam ich Besuch. Vor mir stand ein ehemaliger Freund in der Uniform eines Feldmeisters des Arbeitsdienstes. Ich habe mich über diesen Besuch sehr gefreut. Er hatte mit mir in Breslau Theologie studiert. Wir waren in die gleiche Verbindung, die Salia CV, eingetreten. Dort verlebten wir viele schöne Stunden miteinander. Nach dem vierten Semester hatte er aber sein Theologiestudium aufgegeben. Er wollte Offizier werden. Seitdem hatte ich keine Nachricht mehr von ihm. Nun stand er auf einmal vor mir. Ich erfuhr von ihm, wie es ihm in den vergangenen Jahren ergangen war und fragte ihn beiläufig, was er nach dem Kriege machen würde, da es dann doch wohl keinen Arbeitsdienst geben würde. Er war aber überzeugt, daß der Arbeitsdienst später weiterbestehen wird. Ich dagegen vertrat die Meinung, daß nach dem verlorenen Krieg wohl andere Verhältnisse sein werden. Mein Freund war erstaunt, als ich vom verlorenen Krieg sprach, und mahnte mich, das niemals wieder zu sagen, da ich dafür sofort ins KZ kommen würde. Er war überzeugt, daß wir den Krieg gewinnen, da an einer Wunderwaffe gearbeitet wird, die mit ihrer ungeheuren Zerstörungskraft schließlich den Sieg bringen wird. Zum Abschied bat ich ihn, mich doch bald wieder zu besuchen. Wir sollten weiter zusammenstehen, da wir uns immer so gut verstanden haben und der gleichen Verbindung angehören. Ich habe seitdem nie mehr etwas von ihm gehört. Er ist sicher noch in der letzten Phase des Krieges gefallen.

Einige Wochen nach der Begegnung mit ihm kam mein Schwager, Oberstleutnant bei der Luftwaffe und Kommandant des Flugplatzes Bonn-Hangelar, zu Besuch ins Elternhaus nach Hindenburg. Ich wurde darüber telefonisch unterrichtet und fuhr sofort nach Hause, um meinen Schwager zu sehen und Neues zu erfahren. Wir sprachen auch über die schwierige militärische Lage. Er versicherte mir damals ebenfalls, daß wir eine Wunderwaffe besäßen, die bisher noch nicht eingesetzt wurde, aber den Endsieg garantiere. Die Propaganda mit dieser Wunderwaffe hat in der Tat die Widerstandskraft bei den Landsern erhöht und den Glauben an den Endsieg bis zum Schluß wachgehalten. Wie sich nach der Besetzung Deutschlands durch die Alliierten herausstellte, war aber bei uns noch nicht die Voraussetzung zum Bau einer Atombombe vorhanden. Gott hat es wohl verhindert, daß eine so gefährliche Waffe den Nazis zur Verfügung stand.

Höhepunkt der Macht in der zweite[n]
des Jahres 1942; nach der Schlacht v[on]
Stalingrad im Winter 1942/43 began[n]
der Abstieg.

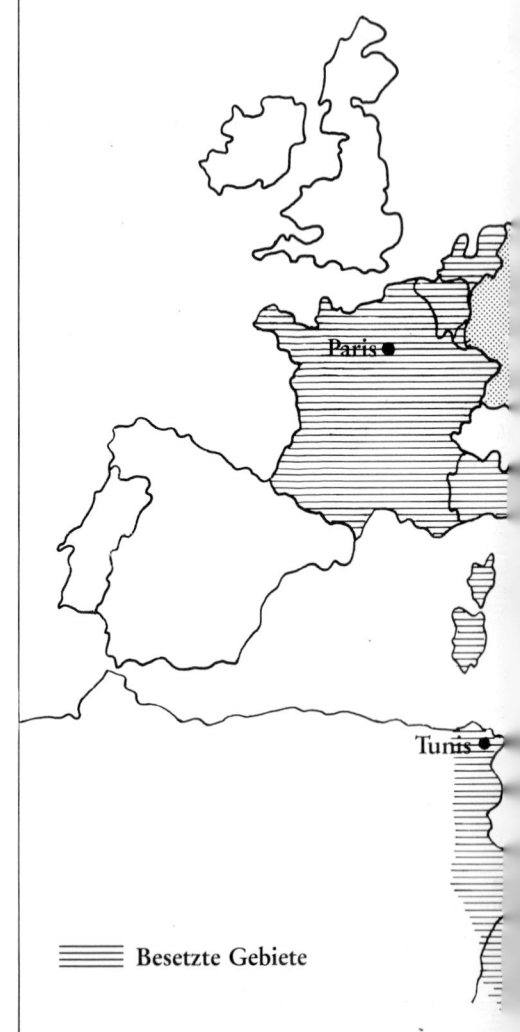

Paris ●

Tunis ●

≡ Besetzte Gebiete

Hälfte

Oslo

Helsinki ● ● Leningrad

● Moskau

Kopenhagen

● Berlin

● Warschau

● Stalingrad

● Prag

Wien ●

● Budapest

Belgrad ● ● Bukarest

Rom

● Sofia

● Tirana

Athen

olis

● El Alamein

● Kairo

Dunkle Wolken am östlichen Himmel

Die Entwicklung des russischen Feldzuges ließ die kommende Katastrophe schon erahnen. Besorgt verfolgten wir die Ereignisse im Osten. Wir hatten gehofft, daß es gelingen würde, die russischen Armeen weit vor den deutschen Grenzen zu stoppen und mit den Amerikanern und Engländern zu einem Übereinkommen zu gelangen, damit die rote Flut von unserem Vaterland und Europa abgehalten würde. Roosevelt und Churchill haben aber alle Bemühungen in dieser Hinsicht abgelehnt. Deutschland sollte unbedingt zerschlagen werden. So mußte die Geschichte ihren Lauf nehmen. Die russische Sommeroffensive vom 22. Juni bis 7. Juli 1944 und die Landung amerikanischer und britischer Truppen in Frankreich am 6. Juni 1944 drängte die deutschen Heere trotz erbitterten Widerstandes und Gegenoffensiven immer weiter zurück. Am Ende des Jahres 1944 standen die Alliierten am Rhein, die Russen an der Weichsel. Italien war nach der Landung der Amerikaner auf Sizilien und dem Überschwenken des Landes zu den Amerikanern unter schweren Kämpfen bis zu den Alpen längst aufgegeben. Die vorstehende Karte (S. 86 und 87) zeigt die größte Ausdehnung des deutschen Machtbereiches Ende 1942 und die nebenstehende Karte (S. 89) den Frontverlauf Anfang Januar 1945 an der Weichsel.

Die russische Winteroffensive

Seit Herbst 1944 hatten die Sowjets an der Weichsel, die damals auf viele hundert Kilometer die deutsche Ostfront bildete, und besonders in den von ihnen gebildeten Brückenköpfen über die Weichsel bei Magnuszew, Pulawy und Baranow sowie an der

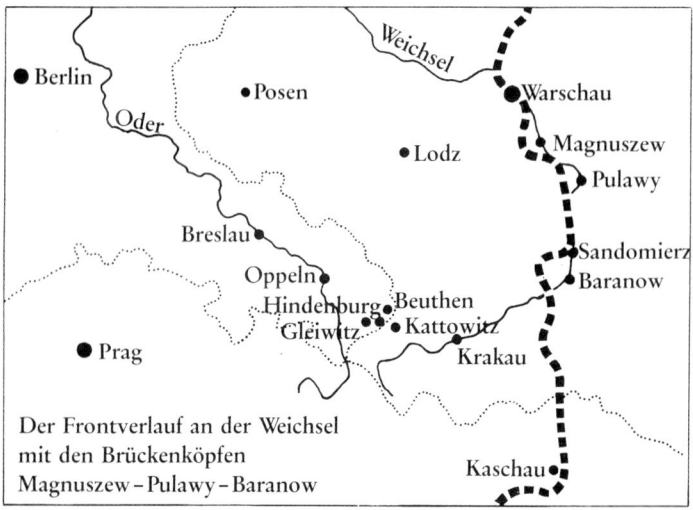

Der Frontverlauf an der Weichsel
mit den Brückenköpfen
Magnuszew – Pulawy – Baranow

Narewfront starke Angriffskräfte zusammengezogen.* General
Gehlen von der OKH-Abteilung fremde Heere-Ost hatte ein
völlig zutreffendes Bild über die Lage gewonnen und eine große
Offensive der Russen angekündigt. General Guderian forderte
deswegen von Hitler die Rückführung der vorher abgezogenen
Divisionen der operativen Reserve. Hitler war dagegen der
Meinung, daß das russische Kräftereservoir erschöpft sei und
nannte „die angeblichen sowjetischen Angriffsvorbereitungen
den größten Bluff seit Dschingis-Khan". Er ließ nicht einmal
Maßnahmen zu, die die vorderen Frontlinien schonen könnten,
wenn die Großoffensive der Sowjets wirklich beginnen sollte.

Am 12. Januar 1945, dem russischen Neujahrstag, begann die
russische Winteroffensive. Eine Lawine aus Feuer und Stahl
ergoß sich über die schwache deutsche Abwehrfront, die völlig
aufgerieben wurde, als Konjew, der Marschall der 1. ukraini-
schen Armee, aus dem Brückenkopf von Baranow den Angriff

* Der Zweite Weltkrieg; Bilder, Daten Dokumente. C. Bertelsmann. 1983.

unternahm. Schon am 15. Januar fiel der wichtige Stützpunkt Kielce in die Hände der Russen, zwei Tage später Tschenstochau. Inzwischen hatte sich auch der russische Angriff an den übrigen Frontabschnitten entfaltet. Die Sowjets rückten an allen Fronten vor. Eine zusammenhängende deutsche Front gab es nicht mehr. Am Ende der ersten Woche erreichten die russischen Panzerspitzen die schlesische Grenze. Am Montag, dem 22. Januar, hörten wir, daß Rosenberg und Kreuzburg schon in russischer Hand waren und die feindlichen Truppen vor Oppeln und Peiskretscham stünden. Wir hörten schon Geschützdonner.

Wir waren uns bewußt, daß uns nur noch eine kleine Gnadenfrist geschenkt war und mußten uns entscheiden, ob wir in Gleiwitz bleiben oder uns auf die Flucht begeben sollten. Viele Bekannte kamen und fragten uns in ihrer Not, was sie tun sollten. Das war eine schwere Entscheidung. Was würde sein, wenn die Russen sich so verhielten wie in Ostpreußen? Erschütternde Nachrichten waren uns über den Rundfunk übermittelt worden. War das nur Nazipropaganda? In ihrer Angst packten manche in aller Eile ihre Koffer und erreichten noch einen der letzten Züge, die über Ratibor nach dem Westen abgingen. Ihnen ist viel erspart geblieben. Viele sind freilich wieder umgekehrt, weil sie keine Möglichkeit mehr hatten, fortzukommen. Besonders schwierig gestaltete sich das Fortkommen wegen der großen Kälte, die plötzlich hereingebrochen war. Mit den Russen kam die Kälte! Eine rechtzeitige offizielle Evakuierung der Bevölkerung ist nicht erfolgt. Der Gauleiter Bracht hatte sogar alle Evakuierungsmaßnahmen verboten. Es durfte niemand seinen Arbeitsplatz verlassen, denn das oberschlesische Industriegebiet war als einziges noch intakt geblieben. Die Produktion sollte unter allen Umständen aufrechterhalten werden. So kam es, daß die Arbeiter am 22. und 23. Januar in Beuthen, Gleiwitz und Hindenburg noch in die Gruben einfuhren und in den Stollen arbeiteten, während oben bereits der Kampf tobte. Die russischen Panzer rollten ein, während in den Fabriken noch gearbeitet wurde. Riesige Vorratslager an Material und Lebensmitteln fielen in die Hände der Russen. Ich selbst wurde schon einige Tage vorher vom Oberfeldarzt Dr. Olbrich angerufen und gefragt, ob ich mit dem letzten Lazarettzug, der nach Kempten im Allgäu abgehen sollte, mitkommen wolle. Das Ziel hätte mich gereizt, aber unter solchen Umständen? Inzwischen war von Kardinal Bertram an alle Priester der Erzdiözese die Weisung ergangen, daß kein Priester seine Gemeinde verlassen dürfe. So sagte ich ab und blieb. Ich erlebte dann die ganze Tragik, die in diesen kalten Wintertagen über unsere Heimat und seine Menschen hereinbrach.

Der Kampf um Gleiwitz

Am 22. Januar 1945 hatte ich eine Beerdigung. Wie damals noch üblich, wurde der Verstorbene in der Wohnung abgeholt und im feierlichen Zuge zur Kirche geleitet, den Weg, den er so oft in seinem Leben gegangen war. In der Kirche waren das Requiem und die Einsegnung des Verstorbenen. Danach ging es hinaus zum Friedhof. Der Weg war weit. Er führte die Toster Straße entlang über die Autobahnbrücke zur anderen Seite der Autobahn. Es war sehr kalt, gefrorener Schnee bedeckte die Straßen und Felder. Da die russischen Truppen bereits in Peiskretscham waren, mußten sie eigentlich jeden Augenblick vor Gleiwitz erscheinen. Kein Wunder, daß alle, die an der Beerdigung teilnahmen, immer wieder ängstlich nach dem Wald schauten, denn dort mußten sie herauskommen. Ich sagte mir, wenn die russischen Truppen schon so nah wären, müßten doch die deutschen Truppen nicht mehr weit sein. Aber was wir nicht wußten – es bestand keine zusammenhängende deutsche Front

mehr. Vereinzelt tauchten Soldaten auf, Volkssturm grub Erd-
löcher entlang der Autobahn, und an der Autobahnbrücke
standen einige Soldaten, die die Brücke sicherten. Das war alles.
Wir waren froh, als wir nach der Beerdigung wieder in den
Ort hineinkamen. Auf einmal hörten wir hinter uns lautes Ras-
seln von Panzerketten. Der Chorleiter Erzepky, die Meßdiener
und ich drehten uns ängstlich um. Wir dachten schon, daß es
ein russischer Panzer wäre, aber es war ein deutscher, der
berühmte Tiger. Er fuhr langsam die Toster Straße hinauf zur
Stadt. Im Pfarrhaus berichtete ich von meinen Eindrücken. Wir
sagten uns, daß die Russen wohl im Laufe des Nachmittags
oder des Abends in Petersdorf sein würden.

Wir waren still geworden. Immer wieder kamen die Gedan-
ken und die Frage auf: „Wird es uns etwa so ergehen wie den
Ostpreußen?" Es wurde im Rundfunk und in der Presse berich-
tet, daß die heranrückenden sowjetischen Soldaten wahllos
getötet, Häuser niedergebrannt und Frauen vergewaltigt haben.
Vielleicht ist es der letzte Tag, an dem wir noch am Leben sind!
Gegen Abend setzte Artilleriefeuer ein, zuerst vereinzelt, dann
immer stärker. Wir beschlossen, in den Luftschutzkeller des
Pfarrhauses zu gehen. Die wichtigsten Dinge nahmen wir mit.
Dort saßen wir dann zusammen und beteten den Rosenkranz.
Durch das Gebet wurden wir alle ruhiger, Pfarrer Weinert, seine
Mutter, Pater Leppich, die beiden Hausmädchen und ich. Wir
fühlten uns wie einstens die Christen in den Katakomben. Mir
wurde später erzählt, daß in fast allen Häusern die Menschen
zusammensaßen und den Rosenkranz beteten, auch solche, die
das Beten schon lange nicht mehr praktiziert hatten.

Inzwischen war der Beschuß so intensiv und in dichter Folge,
daß wir uns sagten: „Das kann nur eine Stalinorgel sein." Wir
hörten Einschläge. Jetzt mußte auch die Kirche getroffen worden sein – unsere schöne Kirche, die längsseits wie auf einem
Podest dastand. Auch das Pfarrhaus wurde getroffen, dabei ging
das elektrische Licht aus. Wir zündeten eine Kerze an. Ich

nahm eine Taschenlampe und ging mit Pater Leppich in den Gang hinaus, um zu sehen, ob der Schaden groß war und um einen eventuellen Brand sofort zu löschen. Der Schaden war aber nur gering, denn die Granate hatte nicht das Mauerwerk selbst getroffen, sondern war in den Boden dicht an der Außenmauer eingedrungen und hatte ein großes Loch in den Boden gerissen. Bei dieser Gelegenheit schauten wir zum Fenster hinaus und sahen, wie an einigen Stellen der Gemeinde Brände wüteten. Der Himmel war erhellt vom Feuer, und dichte Rauchschwaden zogen dahin. Es sah gespenstisch aus. Pater Leppich und ich gingen dann in den Mittelgang des Kellers zurück, beichteten noch einmal untereinander und suchten schließlich den Luftschutzkeller wieder auf. Wir berichteten von dem, was wir gesehen hatten. – Auf einmal hörte das Artilleriefeuer auf. Es trat eine unheimliche Stille ein. Jeder war mit sich selbst und seinen Gedanken beschäftigt. Gegen Mitternacht nickten wir etwas ein. Pater Leppich war in einen Nebenkeller gegangen, der auch als Luftschutzkeller eingerichtet war und in dem vier Betten standen. Er hatte sich dort hingelegt. Gegen drei Uhr morgens hörten wir Schritte, die die Treppe zum Keller herunterkamen. Wir schauten alle gespannt zur Tür. Sie wurde aufgestoßen, und vor uns standen drei leibhaftige Russen mit ihren großen Fellmützen. Sie sahen im flackernden Kerzenlicht gespenstisch aus. Die Maschinenpistole hielten sie in ihren Händen: „Ruki wierch – Hände hoch!"

Ich grüßte sie in russischer Sprache. Seit über einem Jahr hatte ich mich sehr intensiv mit der russischen Sprache beschäftigt, denn ich hatte geahnt, was kommen würde. Das kam uns allen jetzt zugute. Ich stellte den russischen Soldaten den Pfarrer vor, seine Mutter und die beiden Hausmädchen. Wir Priester trugen den langen Talar und ein Kreuz auf der Brust. Dann kam die erste Frage: „Sind hier deutsche Soldaten?" Ich antwortete: „Njet – nein." – „Sind Waffen im Hause?" – „Njet – nein." Sie wollten nun alle Kellerräume und das Haus durchsuchen. Ich führte sie zunächst in den Nebenkeller, in den sich Pater Leppich zurückgezogen hatte und eingeschlafen war. Er schreckte auf, als er von einem Russen geweckt wurde. Ich erklärte, daß er auch ein Priester sei. Danach gingen wir durch alle anderen Keller und durch das ganze Haus. Noch einmal die Frage: „Keine Soldaten?" – „Njet", war wieder meine Antwort. „Karoscho!" Sie verließen das Pfarrhaus mit einem „Do swidania – Auf Wiedersehen!" Ich dachte dabei: „Ach wenn sie doch bloß nicht wiederkämen!" Aber es kamen später andere, und das war schrecklich genug. Zunächst waren wir etwas beruhigt und atmeten auf.

Aber wie mag es nur den anderen ergangen sein? In der Frühe, als es etwas dämmerte, läutete es Sturm an unserer Haustür. Ich ging hin und öffnete. Vor mir standen unsere Hedwigschwestern. Wie sahen sie nur aus! Ihr Ordenskleid verschmutzt, zum Teil zerrissen, völlig konsterniert. Sie waren über Gärten und Zäune gestiegen, um zu uns zu gelangen, und erzählten, daß sie in ihrem Kloster an der Toster Straße neben der alten Kirche viel durchgemacht hätten. Auf der Toster Straße waren nämlich die russischen Panzer und Truppen vorgedrungen. Soldaten hätten sie bedrängt, geschlagen und versucht, sie zu vergewaltigen. Verschüchtert hätten sie sich in der Ecke eines Zimmers zusammengekauert und laut gebetet. Sie wollten jetzt nicht allein im Kloster bleiben. Ich holte gleich Pfarrer Weinert aus dem Keller herauf. Es wurden zwei Zimmer im Pfarrhaus für die Schwestern frei gemacht. Aus dem Kloster wurden dann noch einige Dinge geholt, denn es war klar, daß die Schwestern einige Zeit bei uns im Pfarrhaus würden bleiben müssen. So waren wir zu einem Kloster geworden.

Die ersten beiden Tage wagte niemand hinauszugehen. Dann bekamen wir etwas Mut. Wir wollten auch sehen, wie es um unsere Kirche stand. Langsam gingen Pfarrer Weinert, Pater Leppich und ich den Gang entlang, der vom Pfarrhaus auf die Bernhardstraße führt. Vorsichtig öffneten wir das Gartentor und schauten zuerst nach links, dann nach rechts, ob jemand käme. Es war nichts zu sehen. Aber ja, da lagen in einiger Entfernung tote Soldaten am Straßenrand. Ich weiß es nicht mehr genau, waren es drei oder vier? Wir überschritten die Bernhardstraße und betraten den großen Kirchplatz. Schon von weitem sahen wir, wo die Granaten eingeschlagen hatten. An fünf Stellen war die Kirche getroffen, aber die starken Wände hatten standgehalten! Nur an einer Stelle klaffte in der Mauer ein zwei Meter großes Loch. Im Seitengewölbe war ein großes Stück herausgebrochen, und vor dem Hauptportal lagen Trümmer von Mauerwerk und Figuren, denn auch dort hatte ein Geschoß eingeschlagen. Aber im großen und ganzen hatte die Kirche standgehalten. Wir dankten Gott, daß alles noch so glimpflich abgegangen war.

Auf einmal erschien unser Küster Gruchot. Er hatte hinter den Gardinen seines Fensters gestanden, uns beobachtet, Mut gefaßt und war zu uns gekommen. Da er gut polnisch sprechen konnte, hatte er es verstanden, seine Familie vor Übergriffen zu schützen. Trotzdem wurden ihm, seiner Frau und der Tochter gleich die Uhren abgenommen, was ja noch das geringste Übel war. Er erzählte uns, daß es der Tochter des Bäckermeisters von nebenan schlimm ergangen ist. Sie war blond und schön und wurde gleich mitgeschleift. Alles Wehren und Weinen half nichts. Die Soldaten haben sie in einem Panzer mitgenommen. Sie war mehrere Tage verschwunden, dann kam sie zurück, krank, eine Märtyrerin, eine von vielen in diesen Tagen, denn deutsche Frauen waren zum Freiwild geworden. Stalin soll seine Soldaten vor der großen Offensive mit den Worten angestachelt haben: „In den ersten vierzehn Tagen habt ihr freie Hand, alles gehört euch, auch die Frauen." So gebärdeten sie sich wie die Wilden und warteten nur auf den Augenblick, bis sie deutschen Boden erreicht hatten. Beim Einmarsch und in den folgenden Tagen sind viele Frauen, die sich gewehrt, und Männer, die sich schützend vor sie gestellt haben, erschossen worden. Nicht einmal eine achtzigjährige blinde Frau wurde geschont.

Ich kann hier nicht all diese Fälle mehr aufzählen. Besonders betroffen aber hat mich das Los von Liesel Kuchmann aus der Johannisstraße gemacht. Sie war ein sehr feines und sauberes Mädchen, Mitglied der Marianischen Jungfrauenkongregation. Als russische Soldaten in die Wohnung eingedrungen waren und sie vergewaltigen wollten, stellte sich die Mutter schützend vor die Tochter. Ein Schuß aus der MP verwundete die Mutter, jedoch nur leicht, traf aber die hinter ihr stehende Tochter so schwer, daß sie zu Boden sank. Mit Mühe und unter Lebensgefahr wurde sie mit einem Handschlitten zunächst zur Krankenstation Brodorz, Hegenscheidtstraße, und nach Anlegen eines Notverbandes gleich weiter zum Städtischen Krankenhaus gefahren. Die Fahrt dorthin, vorbei an plündernden und betrunkenen russischen Soldaten, war voller Angst und Schrekken. Einmal wurde die Schwerverletzte vom Schlitten gestoßen und mußte mühsam wieder darauf gebettet werden. Im Krankenhaus angekommen, kam ihnen zum Glück die bekannte Krankenschwester Christa Urzednik aus Petersdorf entgegen. Sie erkannte die schwerverletzte Liesel Kuchmann sogleich und nahm sie liebevoll auf. Christa Urzednik war Mitglied in meinem Luzia-Verein. Da das Krankenhaus überfüllt und kein Bett frei war, hat Christa Urzednik die Schwerverletzte in ihr Schwesternzimmer im Dachgeschoß tragen lassen und ihr eigenes Bett zur Verfügung gestellt. Sie bemühte sich um sie und sorgte für die medizinische Betreuung. Am nächsten Tage ging sie nach Petersdorf, um nach ihrer Mutter zu sehen und sich zu erkundigen, wie es ihr beim Einmarsch der Russen ergangen war. Gleichzeitig wollte sie auch der Mutter von Liesel Kuchmann berichten, wie es ihrer Tochter ging. In der Wohnung der Mutter, die sich auch in der Johannisstraße befand, angekommen, wurde ihre Mutter gerade von russischen Soldaten bedrängt. Sie eilte ihr zu Hilfe. Darauf wurden Mutter und

Tochter vergewaltigt und ermordet. Weil sich inzwischen niemand mehr um die schwerverletzte Liesel Kuchmann im Städtischen Krankenhaus kümmerte, erlag sie ihren Verletzungen. Ich habe Liesel Kuchmann einige Tage später beerdigt. Es war meine erste Beerdigung wenige Tage nach dem Einmarsch der Russen, und es war eine Beerdigung auf ungewöhnlichem Wege. Der Sarg war auf einen Handschlitten gestellt und festgebunden worden. Wir mußten den Weg über die schneebedeckten Felder nehmen, dann vorsichtig die Böschung zur Autobahn hinunter- und auf der anderen Seite wieder hinaufgehen, bis wir zum Friedhof kamen. Später ist ein Grabstein auf dem Grabe dieser Märtyrerin errichtet worden. Er erinnerte auch an die vielen anderen Märtyrer und Märtyrerinnen von damals, die gleich daneben in dem großen Massengrab bestattet worden waren. Heute sind dieses Grab von Liesel Kuchmann und das Massengrab eingeebnet. Es soll niemand daran erinnert werden, daß auf diesem Friedhof einmal Deutsche bestattet worden sind.

Schmerzvoll war für uns auch der Tod von Bäckermeister Scheitza und seiner Frau aus der Welczekstraße. Russische Soldaten hatten einige Sack Mehl gebracht und gefordert, dieses bis zum Morgen zu Brot zu verbacken. Herr Scheitza, seine Frau und Gerhard Glosch, der ebenfalls in diesem Hause wohnte, haben die ganze Nacht durchgearbeitet. Als sie in der Frühe fertig waren, kamen andere Soldaten, nahmen die Brote weg und verschwanden. Kurz darauf erschienen die eigentlichen Auftraggeber, um ihre Brote abzuholen. Als sie feststellten, daß keine vorhanden waren, wurden der Bäckermeister und seine Frau in der Backstube vor dem Backofen erschossen. Herr Glosch floh noch die Treppe hinauf bis zum zweiten Stockwerk und stieg aus Angst aufs Dach. Da dieses vereist war, rutschte er ab und stürzte in die Tiefe. Er war auf der Stelle tot. Die Tochter der Eheleute Scheitza war glücklicherweise einige Tage vor dem Einmarsch der Russen nach Süddeutschland gereist. Es wäre sonst auch um sie geschehen gewesen. Das Ehepaar Scheitza, bei dem wir Geistlichen oft zu Gast waren, war tief gläubig und hatte den Nationalsozialismus und seine Ideologie stets abgelehnt.

Hier können wir nur beten: „Herr, wärest Du hier gewesen, dann wäre mein Bruder nicht gestorben." Und der Herr antwortet uns, wie er zu Martha im Evangelium gesprochen hat: „Dein Bruder – Deine Schwester wird auferstehen."

Hohe Offiziere im Pfarrhaus

Wenige Tage nach dem Einmarsch der Russen erschienen mehrere hohe Offiziere im Pfarrhaus. Sie wollten uns einen Besuch machen und sich nach unseren Wünschen erkundigen. Zuerst stellten wir die Frage nach den Gottesdiensten. Sie erklärten, daß diese wie früher durchgeführt werden könnten und auch die Glocken wie üblich läuten dürften. Eventuelle Störungen sollten wir sofort bei der Kommandantur, die in der Nähe des Bahnhofs eingerichtet worden war, melden. Wir fragten dann, ob wir die gefallenen deutschen Soldaten, die an vielen Stellen der Gemeinde an Straßenrändern lagen, bestatten dürften. Dazu wurde die Erlaubnis erteilt. Da wir bei den Gängen in der Gemeinde oft von Soldaten behelligt wurden, baten wir, für alle Priester der Stadt „Propuskis" – Ausweise – auszustellen, damit wir ungestört die Seelsorgsdienste ausüben könnten. Dies war um so notwendiger, als in den Abend- und Nachtstunden Ausgangssperre bestand. In dieser Angelegenheit wurden wir an die Kommandantur verwiesen.

Die Offiziere erkundigten sich bei uns nach der ethnischen Zusammensetzung der Bevölkerung. Sie staunten, als wir ihnen sagten, daß im Jahre 1921 bei der Volksabstimmung in der Stadt selbst über 80 Prozent der Bevölkerung für den Verbleib bei Deutschland gestimmt hätten. Im ganzen Distrikt Gleiwitz-Tost mit all den Dörfern bis an die polnische Grenze waren es immerhin noch 59,0 Prozent. Nur 40,1 Prozent der Bevölkerung hatte für Polen votiert. Den Offizieren war vorher von Polen gesagt worden, daß in diesem Gebiet hauptsächlich Polen lebten.

Natürlich wurde auch über den Nationalsozialismus gesprochen. Wir drückten ehrlich unseren Abscheu über dieses System aus, wir machten aber darauf aufmerksam, daß die eigentlichen Nazis vor dem russischen Einmarsch geflohen seien, da sie die Rache des Siegers fürchteten. Einige waren dennoch dageblieben, harmlose Mitläufer, die sich vor ihrem Gewissen sagen konnten, daß sie niemandem Schaden zugefügt hatten. Wir hatten sogar einigen Parteigenossen geraten, dazubleiben, und ihnen versprochen, daß wir uns für sie, falls erforderlich, einsetzen würden. Wir sagten dies den Offizieren, weil wir erfahren hatten, daß die Russen Jagd auf Parteigenossen gemacht, ihre Wohnungen geplündert und dann angezündet hatten. Die Parteigenossen waren abgeführt und in der Regel erschossen worden.

Aus Angst, als Nazis angesehen zu werden, haben die meisten Familien gleich beim Einmarsch der Russen alle Uniformen, welcher Art sie auch immer waren, verbrannt und die Photos der Väter und Söhne, die in Soldatenuniform abgebildet waren, entfernt.

Ich kann nur feststellen, daß diese russischen Offiziere sehr korrekt waren. Wenn doch nur alle so gewesen wären! Nach ihrem Weggang nahm Pfarrer Weinert bald Verhandlungen auf, damit die Toten von den Straßen aufgelesen und zum Friedhof gebracht werden konnten. Dort wurden ein Massengrab ausgehoben und 56 gefallene Soldaten und ermordete Bewohner beigesetzt. Die persönlichen Dinge und die Erkennungsmarken wurden den Soldaten abgenommen und zunächst im Pfarrhaus verwahrt. Später hat Pfarrer Weinert sie an das Deutsche Rote Kreuz weitergeleitet.

Ich selbst ging am nächsten Tage zur Kommandantur, die in der Nähe des Bahnhofs im Hause des Direktors der Oberhüttenwerke Kemmler eingerichtet war, um uns die Ausweise ausstellen zu lassen. Zunächst mußte ich lange im Flur warten – ich glaube, es waren fast drei Stunden, ehe ich vorgelassen wurde. Das war damals aber nichts Besonderes. Man mußte immer Zeit und viel Geduld mitbringen. Schließlich war es doch soweit. Der zuständige Major empfing mich freundlich. Ich trug ihm die Bitte vor und nannte die Namen der Priester, für die die Ausweise ausgestellt werden sollten. Er war einverstanden und bestellte mich für den nächsten Tag zur Abholung. Erleichtert atmete ich auf und glaubte, daß sich von jetzt an die Situation im allgemeinen verbessern würde. Am nächsten Tag wieder die übliche Wartezeit auf der Kommandantur, aber dann konnte ich die „Propuskis" in Empfang nehmen. Ich bedankte mich und verabschiedete mich mit dem üblichen „Do swidania – Auf Wiedersehen."

Hatten wir die ersten Tage noch im Keller übernachtet, so sind wir von diesem Zeitpunkt an auf unsere Zimmer gegangen. Die Kirchenglocken läuteten wieder, und die Gläubigen kamen wie früher zahlreich zu den Gottesdiensten. Sie kamen aber niemals einzeln, sondern immer in Gruppen, weil sie auf den Straßen nie sicher waren. Die Frauen hatten sich Kopftücher umgebunden und ihr Gesicht verdeckt. Besonders taten dies die jungen Mädchen, denn sie waren am meisten gefährdet. Wenn sie das Haus verließen und zur Kirche kamen, haben sie sich absichtlich lange Kleider angezogen und manchmal auch das Gesicht verschmiert, um ja nicht ansehnlich zu erscheinen. Bisweilen standen hinten in der großen Kirche auch Soldaten und nahmen an den Gottesdiensten teil. Wir wußten freilich nicht, ob sie kamen, um zu beten oder um Ausschau nach „Panienkis" (Mädchen) zu halten.

Ein unvergeßlicher Besuch

Zu den Besuchern des Pfarrhauses in diesen Tagen gehörte auch ein russischer Oberleutnant. Er war Weißrusse und gehörte nicht zu jenen Typen, vor denen man schon beim Anblick in Schrecken geraten konnte. Er war ein gebildeter Mensch mit guten Umgangsformen und konnte gut Klavier spielen. Da im Wohnzimmer von Pfarrer Weinert ein Klavier stand, besuchte er uns bisweilen, spielte auf dem Klavier und sang russische Lieder, einmal sogar religiöse Gesänge aus der Chrysostomus-Liturgie, was uns sehr wunderte. Eines Abends brachte er mehrere Offiziere mit, darunter zwei Majore und einen Burschen zur Bedienung. Sie wollten eine Party geben. Brot, Speck und Wodka hatten sie mitgebracht und auf den Tisch gestellt. Wir brauchten nur die Teller, das Besteck und die Gläser zu liefern. Es wurden auch Gläser mit warmem Wasser bereitgestellt. Man sagte uns, daß das warme Wasser notwendig sei, um nach einem Schluck des hochprozentigen Alkohols nachzutrinken. Pfarrer Weinert und Pater Leppich mußten mittrinken. Ich selbst habe mich mit gesundheitlichen Gründen wegen einer infektiösen Leberentzündung entschuldigt. Außerdem war ich Präses des Kreuzbundes und hatte mich verpflichtet, für die Zeit, da ich den Kreuzbund leitete, auf alkoholische Getränke zu verzichten. Pater Leppich verstand es nach einiger Zeit zu verschwinden. Pfarrer Weinert aber war das Opferlamm. Da ich vollkommen nüchtern war und alles gut beobachten konnte, fiel mir auf, daß der Bursche ab und zu verschwand und wiederkam. Dabei flüsterte er zunächst dem einen Major, dann auch dem anderen etwas ins Ohr, was ich nicht verstand. Ich schöpfte Verdacht und bekam auf einmal Angst. „Hoffentlich", dachte ich, „hat er nicht im Keller herumspioniert und dort die vielen Frauen gesehen, die in ihrer Not aus ihren Häusern zu uns geflüchtet waren!"

Als der Bursche wieder einmal wegging, folgte ich ihm unauffällig und sah dann auch, wie er gerade in den Keller gehen wollte. Als ich ihn fragte, ob er etwas suche, sagte er nur: „Schöne Panienki." Nun bekam ich Herzklopfen. Nach oben zurückgekehrt, setzte ich mich zu den Offizieren und hielt aus, bis sie sich zum Abschied erhoben. Ich merkte, daß sie sich nur mühsam auf den Beinen halten konnten, geleitete sie die Treppe vom ersten Stockwerk hinunter und wollte, unten angekommen, mit ihnen zur Haustür. Aber die beiden Majore wollten in den Keller. An der geöffneten Kellertür stand schon der Bursche. Nun war mir klar, was sie wollten. Ich stellte mich rasch vor die Kellertreppe, flehte sie an, nach Hause zu gehen und nach diesem Beisammensein die Gastfreundschaft nicht zu verletzen. Auch bat ich den uns schon bekannten Oberleutnant, mir beizustehen. Er redete ihnen gut zu, aber es half nichts. Da sagte ich zum Major, der vor mir stand und die Pistole gezogen hatte: „Sie kommen in den Keller nur über meine Leiche." Vom Alkohol aufgeputscht, versetzte er mir einen Faustschlag, so daß ich rücklings die Kellertreppe hinunterfiel und ganz benommen auf dem Boden des Kellers liegenblieb. Es ist ein Wunder, daß ich mir dabei nicht das Genick gebrochen habe. Ich sah noch, wie die beiden Offiziere in den Keller wankten, in dem sich die Frauen aufhielten. Der Bursche, der inzwischen auch in den Keller heruntergekommen war, hob mich vom Boden auf, führte mich nach oben und sperrte mich in einem Zimmer des Erdgeschosses ein. Nach etwa einer Stunde hielt ich es nicht länger aus. Ich mußte sehen, was geschehen war. Ich ließ mich aus dem Fenster in den Garten hinuntergleiten, schlich um das Haus herum und stieg durch den Hausflur leise die Kellertreppe hinunter. Im Keller waren noch alle Frauen beisammen. Ich hörte von ihnen, daß die beiden Offiziere eine Mutter und deren Tochter nach oben mitgenommen hatten. Daraufhin ging ich wieder nach oben und öffnete vorsichtig die Tür zum Pfarrbüro. Ich sah, daß die beiden Majore am Boden lagen und sich übergeben hatten. Es war ein ekelhafter Anblick. Von der Mutter und ihrer Tochter, die in das zweite Bürozimmer geflüchtet waren, erfuhr ich, daß sie in der notvollen Situation vor dem Schlimmsten bewahrt geblieben sind, weil die Offiziere wegen ihrer Trunkenheit nicht ihre Absicht verwirklichen konnten. Ich atmete auf. In der Morgenfrühe erschien der Bursche und führte die beiden Offiziere aus dem Haus. Ich hoffte und betete, daß Gott uns vor solchen Schrecken in Zukunft bewahren möge.

Schwere Kämpfe in Richtung Ratibor

Der Vormarsch der russischen Truppen in Richtung Ratibor war mit sehr schweren Kämpfen verbunden. Generalfeldmarschall Schoerner hatte auf eigene Verantwortung die militärische Räumung des Industriegebietes und die Zurücknahme der darin eingesetzten 17. Armee bis zur Oder zwischen Ratibor und Cosel befohlen. Dies geschah unter schweren Kämpfen, wobei Angriff und Gegenangriff ständig wechselten. Weil für die Russen die Gefahr bestand, wieder zurückgeschlagen zu werden, mußten Schützengräben ausgehoben werden. Um Arbeitskräfte hierfür zu bekommen, wurden Razzien durchgeführt. Viele Hunderte wurden mitgenommen, darunter Jugendliche und Frauen aus unserer Gemeinde. Als die Gefahr nach einigen Tagen vorüber war, sind diese Arbeitskräfte wieder nach Hause geschickt worden. Es ist ihnen während ihres Einsatzes, wie mir bestätigt wurde, aber nichts geschehen. Als ich einen russischen Oberleutnant fragte, ob der Kampf bei Ratibor schwer war, hat er nur geflucht. Er war voller Wut.

Die ersten Wochen unter russischer Besatzung

Niemand war seines Lebens mehr sicher. Schon wegen einer Kleinigkeit konnte man erschossen werden. Die armen Frauen! Es ist nie ganz herausgekommen, wer da alles und wie oft vergewaltigt worden ist. Aus Scham wurde geschwiegen, und manche Mutter hat sich für ihre junge Tochter geopfert. Sie waren die Märtyrerinnen, die alles Unrecht sühnen mußten, das die Nazis in den besetzten Gebieten begangen hatten. Dazu kam die ständige Ausplünderung der Bewohner. In den Häusern ging es wie in einem Taubenschlag zu. Soldaten kamen und gingen. Jeder nahm etwas mit, was ihm wertvoll erschien. Begehrt waren vor allem Uhren, Ringe, Radios, Fahrräder, Schreibmaschinen und alkoholische Getränke. Es kam vor, daß Leute, die keine Uhr geben konnten, weil andere Russen sie ihnen längst weggenommen hatten, erschossen wurden.

An einem Vormittag, als ich gerade einen Kranken in der Gemeinde besuchen wollte, erschienen im Pfarrhaus zwei Soldaten mit ihren Kalaschnikows und verlangten Uhren. Ich erklärte ihnen, daß wir keine Uhren mehr hätten. Daraufhin mußten alle Bewohner des Pfarrhauses, auch die Hedwigsschwestern, vor dem Hause antreten. Man stellte mich, weil ich der Sprecher war, an die Wand. Einer der Soldaten zog aus der Seitentasche ein langes Messer hervor, hielt die Spitze des Messers an mein Auge und sagte: „Los, die Uhren her!" Ich erwiderte: „Wir haben keine Uhren mehr." Da spürte ich die Messerspitze an meinem Auge und fürchtete, dieses zu verlieren. Als aber alle laut aufschrien, ließ der Soldat von seinem Vorhaben ab und ging mit seinem Kollegen fort. Ich wußte nicht, wie mir geschah und fühlte mich wie erlöst.

In den Nächten war die Hölle los. Es streunten oft ganze Gruppen von Banden durch die Straßen von Petersdorf und gingen auf Raub aus. Die Leute suchten sich zu schützen, indem sie mit den verschiedensten Instrumenten einen Mordslärm verursachten. Jedes Teil war ihnen dabei recht, Kuhglocken, Topfdeckel, Blecheimer und dergleichen mehr. Der Lärm sollte abschrecken. Immer wieder hörte man von den verschiedensten Ecken der Gemeinde diesen Lärm. Er ging einem durch Mark und Bein. Natürlich wurden die Türen der Häuser schwer verbarrikadiert. Ich selbst habe in diesen Wochen während der Nächte auf einem langen Tisch im Pfarrbüro geschlafen, weil ich gleich da sein wollte, um Eindringlinge abzuwehren und zu beschwichtigen, was mir bisweilen auch gelang. Als ich mich bei der Kommandantur über die ständigen Belästigungen besonders des Nachts beschwerte, wurde mir erklärt, daß solche Raubzüge verboten seien. Wir sollten in solchen Fällen nicht öffnen und uns sofort bei der Kommandantur melden. Wie aber melden, da es verboten war, des Nachts auf die Straße zu gehen, und die Kommandantur auch nicht telefonisch erreichbar war? Ich beschloß aber, die Weisung der Kommandantur zu befolgen. Noch am gleichen Abend polterte es gewaltig an der Pfarrhaustür. Ich öffnete nicht. Der Lärm draußen wurde immer größer. Man schlug so stark an die Tür, daß die Wände wackelten! So öffnete ich schließlich doch. Vor mir standen einige wilde Gesellen. Das erste, was geschah: Ich erhielt eine Ohrfeige, daß ich in meiner ganzen Länge hinfiel. Als sie ins Pfarrbüro hineingingen und das Telefon sahen, rissen sie es aus der Verankerung und warfen den Apparat in die Ecke. Sie fürchteten wohl, daß ich bei der Kommandantur um Hilfe rufen könnte. Ich fragte sie, warum sie so grausam seien. Ich hätte mich doch nur an die Weisung der Kommandantur gehalten, die angeordnet hatte, in der Nacht nie die Tür zu öffnen. Wir seien hier ein Kloster und hätten nichts, was ihnen von Nutzen sein könne. Einer erklärte mir daraufhin, daß sein Vater, seine Mutter und seine Kinder von den Nazis umgebracht worden seien. Ich sagte ihm, daß dies schlimm sei, daß wir aber dafür nichts könnten, da wir immer Gegner der Nazis gewesen wären. Später hörte ich von Leuten der Gemeinde, daß auch bei ihnen plündernde Soldaten die gleiche Entschuldigung vorgebracht haben. Vielleicht wollten sie dadurch nur ihr Gewissen wegen der Räubereien beruhigen.

Bei der anschließenden Durchsuchung des Hauses und des Kellers wurde auch mein Rucksack mitgenommen, in dem ich ein Brevier, meine persönlichen Unterlagen, Zeugnisse und etwas Wäsche für den Fall verstaut hatte, daß ich mal ganz schnell fortmüßte. Das geheime Versteck hatten sie rasch gefunden.

Einmal habe ich aber die Tür nicht geöffnet. Ich wollte hart bleiben, auch als Pfarrer Weinert, dessen Mutter und die Hedwigsschwestern mich wegen des Lärmes draußen darum baten. Man schlug an die Tür, rüttelte an den Fenstern und rief: „Aufmachen!" Ich schaltete aber auf stur. Plötzlich hörte der Lärm auf. Es wurde ganz still. Ich atmete auf und dachte, daß sie nun fortgehen und uns in Ruhe lassen würden. Aber nach einigen Minuten hörten wir, daß mit einer Axt gegen die Kellertür geschlagen wurde, die in den Garten hinausführte. Es war eine stabile, mit Eisenblech beschlagene Tür. Eigentlich hätte sie standhalten müssen. Aber es gelang, ein Loch hineinzuschlagen, das dann mit einer Säge erweitert wurde. Da wir den Schlüssel der Tür innen hatten steckenlassen, konnten sie diese dann öffnen. So sind sie in den Keller eingedrungen. Wir hörten von oben nur das Hin- und Herlaufen und das Suchen nach verborgenen Schätzen. Sie fanden auch wirklich alles, was wir bisher noch hatten retten können, den Meßwein unter den Kartoffeln, die Zigarren des Pfarrers unter den Kohlen, einige Flaschen Cognac hinter einer Verschalung usw. Wir sind in dieser Nacht um alles, war wir noch hatten, erleichtert worden. Wenn Pfarrer Weinert nicht vor dem Russeneinmarsch bei einer befreundeten Familie eine Kiste Meßwein untergebracht hätte, wären wir ohne Meßwein gewesen und hätten keine heilige Messe mehr feiern können.

Ich weiß nicht, woher ich den Mut nahm. Jedenfalls entschloß ich mich auf einmal, in den Keller hinunterzugehen und nachzusehen, was sich dort abspielte. Als ich in den breiten Kellergang kam, sah ich, wie sie alles davontrugen. Sie sahen mich, nahmen aber von mir keine Notiz. Aus Verlegenheit redete ich einen, der anscheinend der Anführer war, an und fragte: „Und was bleibt für mich?" Da drückte er mir eine Flasche Cognac in die Hand. Ich erbat mir auch eine Kiste Zigarren. Er gab sie mir. Als alles ausgeräumt war, waren sie plötzlich verschwunden, und der ganze Spuk hatte ein Ende. Es waren mindestens zehn Russen bei dieser Aktion, darunter auch drei Frauen, am Werk.

Ich ging dann nach oben, übergab Pfarrer Weinert die Flasche Cognac und die Kiste Zigarren und erzählte, was sich unten im Keller zugetragen hatte.

Die Russen waren im Auffinden von Verstecken sehr clever. In der Bedrängnis haben viele ihre wertvollen Sachen in eiserne Wannen oder Eimer verstaut und dann im Garten vergraben. Aber die „Schatzsucher" stocherten mit eisernen Stangen auch in den Gärten herum. Wie die Wünschelrutengänger die Wasserader, so fanden sie auch die vergrabenen Dinge. Erst als die meisten nichts mehr hatten, hörte dieses Räubern auf. Ich konnte dann in den Nächten wieder in meinem Zimmer schlafen.

Aktion für kinderreiche Familien

Aus Gesprächen erfuhren wir von der großen Not zahlreicher kinderreicher Familien. Es gab nichts zu kaufen. Die Geschäfte waren geschlossen und ausgeplündert. Es fehlte an allem – an Milch, Zucker, Brot, Fleisch und Fett. Manche machten weite Wege in die umliegenden Dörfer, um bei den Bauern etwas zu bekommen. Als ich hörte, daß ein Landwirt beim Ackern auf dem Felde auf eine Mine getreten und getötet worden war, eilte ich schnell hin, um ihm noch die Krankensalbung zu spenden. Schon von weitem sah ich einige Leute auf dem Acker, der am Rande der Pfarrgemeinde lag. Ich beschleunigte meine Schritte. Der Tote lag neben seinem Pflug, die Angehörigen knieten neben ihm und weinten. Ich spendete die Krankensalbung auf die Stirn und erteilte den päpstlichen Segen, mit dem ein vollkommener Ablaß in der Sterbestunde verbunden ist. Nach der heiligen Handlung sprach ich den Angehörigen mein Beileid aus. Dann sah ich mich ein wenig um. Einige Meter weiter standen Männer und Frauen und machten sich am toten Pferd zu schaffen. Ich ging auf sie zu und sah, wie sie das Pferd zerteilten, um etwas Fleisch für die Familie zu bekommen. Darüber war ich sehr betroffen. Was mußten diese Leute doch für einen Hunger haben, wenn sie so etwas taten! Ich konnte an diesem Abend keinen Brocken herunterbringen. Dies mehr aus psychologischen Gründen, denn ich wußte, daß das Fleisch von Pferden zwar süßlich schmeckt, aber ein sehr sauberes Fleisch ist. Nein, es war die Situation! Da liegt der Tote, und daneben sucht man Nahrung für die Erhaltung des Lebens.

Wegen des großen Mangels an Lebensmitteln drängte es uns, etwas für kinderreiche Familien zu tun. Wir beschlossen, eine Aktion hierfür zu starten. Und jeder von uns wollte seinen Beitrag leisten. Pfarrer Weinert wollte bei einigen Landwirten am Rande der Pfarrgemeinde Nahrungsmittel erbetteln, Pater Leppich zu einigen Kaufleuten und Bäckern gehen und ich selbst zum Güterbahnhof fahren. Ich hatte nämlich gehört, daß dort Güterzüge mit Butterschmalz und Milchpulver stehen sollten, die zurückgelassen werden mußten, da der Einmarsch der Russen zu schnell erfolgt war. Die Russen hatten bereits viel davon abtransportiert, aber es sollte noch genug vorhanden sein. So machte ich mich mit vier Meßdienern auf den Weg. Wir nahmen einen großen Handwagen mit. Der Weg zum Güterbahnhof war weit. Als wir ankamen, sahen wir die vielen Güterwaggons. Wir gingen an einigen entlang. Plötzlich traten hinter einem Waggon zwei russische Soldaten hervor und hielten die Maschinenpistole auf mich: „Stoj, halt!" Ich blieb sofort stehen. Sie fragten mich, was ich hier wollte, es sei verboten, dieses Gelände zu betreten. Ich erklärte ihnen den Grund meines Kommens und sagte: „Ich habe es oft erlebt, daß russische Soldaten ein Herz für Kinder haben, gern mit Kindern spielen und mit ihnen ihre Nahrung teilen. Wir haben in unserer Pfarrgemeinde, dort, wo der große Kirchturm zu sehen ist, viele Familien mit kleinen Kindern, die große Not leiden. So bin ich gekommen, um etwas Butterschmalz und Trockenmilch für die Kinder zu erbitten." Da schauten sie sich gegenseitig an und führten mich zu einem Waggon, dessen Tür ein wenig geöffnet war. Als ich hineinsah, stellte ich fest, daß in ihm noch viel Butterschmalz war. Wir durften den Handwagen damit voll beladen. Aus einem anderen Waggon bekamen wir obendrauf noch eine kleine Tonne mit Trockenmilch. Ich bedankte mich sehr und versprach, für sie und ihre Angehörigen in Rußland zu beten. Erleichterten Herzens fuhren wir heim. Die Meßdiener mußten sich nun mächtig in die Riemen legen, denn die Ladung war schwer. Die Aktion – Lebensmittel für kinderreiche Familien – war ein voller Erfolg. Wir konnten so vielen Menschen für einige Zeit etwas helfen.

Eine freudige Nachricht in schwerer Zeit

Ich machte mir auch große Sorgen um die eigene Familie. Vier Brüder waren während des Krieges zur Wehrmacht eingezogen worden. August war Arzt bei einer Sanitätseinheit im Osten, Franz Sanitätsfeldwebel mit gleichzeitigem Studium der Medizin, Gerhard Panzerleutnant im Westen und Martin Leutnant der Infanterie an der Ostfront. Überdies war ein Schwager Oberstleutnant bei der Luftwaffe und ein weiterer Schwager

Dolmetscher für Russisch, Englisch und Französisch bei einem Stab der Wehrmacht. Am meisten gefährdet war mein Bruder Martin. Ich habe während des Krieges für meine Geschwister und Angehörigen viel um Gottes Schutz und Segen und um eine glückliche Heimkehr gebetet. Von meinem Bruder Martin erhielt ich ab und zu einen Feldpostbrief. Die Freude war dann immer groß. Aber 1944 blieb auf einmal jede Nachricht aus. Ich verfolgte täglich die Berichte, die vom Oberkommando der Wehrmacht über die Situation an der Ostfront herauskamen. So erfuhr ich, daß die Russen im Mittelabschnitt durchgebrochen waren und die ganze Heeresgruppe Nord, die sich im Baltikum befand, abgeschnitten hatten. Ich wußte, daß mein Bruder sich dort befand. Wie wird es ihm nur ergehen? Das war meine Sorge und bange Frage, und drängender war mein Gebet für ihn. Eine Nachricht blieb seitdem aus. Als aber das oberschlesische Industriegebiet von den Russen besetzt worden war, erschien im Februar 1945 ein russischer Oberst im elterlichen Haus in Hindenburg O/S und überbrachte einen Brief meines Bruders aus einem Offizierslager nördlich von Moskau. Der Offizier teilte mit, daß es dem Bruder gutginge und er sicher bald heimkehren würde. Das war eine freudige Nachricht in schwerster Zeit. Der russische Oberst blieb einige Tage im elterlichen Haus. Schließlich verabschiedete er sich. Er war als Kommandant für eine Stadt in Oberschlesien vorgesehen. Mein Bruder ist freilich erst 1952 aus der Gefangenschaft entlassen worden.

Hausbesuche

Da es in den ersten Tagen für die meisten Leute zu gefährlich war, das Haus zu verlassen – für die jungen Frauen und Mädchen war es fast unmöglich –, machten wir Priester viele Hausbesuche. Wir waren manchmal den ganzen Tag unterwegs. Es war anstrengend, aber wir wurden auch reichlich belohnt durch den Trost, den wir spenden konnten. Pater Leppich besuchte vor allem seine Jugendlichen. Er empfahl damals den Mädchen, sich mit Jod oder Lysol einzureiben oder auch einen Verband anzulegen. Er hatte nämlich erfahren, daß die russischen Soldaten große Angst vor Infektionen hatten. Dieser Trick konnte eine große Hilfe sein. Manche Familien haben daraufhin sogar die Türpfosten mit Lysol bestrichen und Etikette von Giftflaschen an der Tür angebracht, um sich dadurch zu schützen. Wie ich erfuhr, hatte dies auch Erfolg.

Bei unseren Besuchen wurde uns erzählt, daß manche Familien bis zu zehn Russenbesuche am Tag gehabt hätten. Wir rieten ihnen, nicht nach jedem Besuch in ihrem Ordnungssinn gleich die Wohnung wieder aufzuräumen. Sie sollten eher alles selbst durcheinanderbringen, die Fächer aus den Kommoden herausziehen, die Wäsche aus den Schränken herausnehmen und durcheinanderwerfen. Wenn dann Soldaten kämen und die Unordnung sähen, müßten sie denken, daß andere schon vor ihnen da gewesen waren und würden gleich weiterziehen. Auch diese Empfehlung hat sich bewährt.

Als ich mal auf dem Weg zur Industriestraße war, winkte mir eine Frau aus dem Fenster eines Hauses. Ich ging über die Straße auf das Haus zu. Die Frau öffnete die Haustür und verschloß sie gleich wieder. Sie führte mich in ihre Wohnung im ersten Stock.

Sie hatte zwei Töchter von fünfzehn und sechzehn Jahren. Ich kannte diese von der Jugend her. Nun erfuhr ich, daß russische Soldaten ständig auf der Suche nach diesen Mädchen waren! Bisher war es der Frau immer gelungen, ihre Töchter noch rechtzeitig in Sicherheit zu bringen. Sie durften sich natürlich nie auf der Straße zeigen. Immer wenn nach ihnen gesucht wurde, wurden sie in einem Abstellraum versteckt, vor dessen Tür dann ein Schrank gestellt wurde. Die Mutter war schon ganz verzweifelt. Diese ständige Angst! Leider war es vorgekommen, daß Deutsche, um sich selbst zu schützen, auf Mädchen in der Nachbarschaft hingewiesen hatten. Deshalb entschloß ich mich, diese beiden Mädchen ins Pfarrhaus mitzunehmen. Es waren ja doch schon über zwanzig Frauen in ihrer Not zu uns ins Pfarrhaus geflüchtet und in unserem Luftschutzkeller untergebracht. So kam es auf zwei oder drei Personen mehr oder weniger nicht an. Als nach etwa vierzehn Tagen die schwerste Zeit vorüber war, brachte ich die Töchter zur Mutter zurück.

Eine Predigt vor russischen Soldaten

Ich wurde zu einer alten Frau gerufen, die im Sterben lag, und brachte ihr die hl. Kommunion – plenis coloribus – wie man so sagt, das heißt: angetan mit Chorrock und Stola und der Krankenburse mit dem Allerheiligsten auf der Brust. Die Russen staunten, als sie einen Priester so gekleidet auf der Straße sahen. In ihrem atheistischen Land war so etwas unmöglich.

Als ich auf dem Rückweg die Toster Straße zur Bernhardstraße überquerte, hielt mich eine Gruppe von etwa fünfzehn russischen Soldaten an. Sie umringten mich, so daß ich nicht mehr weiterkonnte. Sie begannen mich auszufragen. „Sind Sie ein Pope?" Meine Antwort: „Ich bin ein Priester." Frage: „Sind Sie ein orthodoxer Priester?" – „Nein, ich bin ein katholischer Priester." („Ja jesm swiaschtschenik katolitscheski.") „Sind Sie rechtgläubig?" – „Der katholische Glaube ist immer rechtgläubig." – „Es gibt keinen Gott." – „Ja, es gibt einen Gott." – „Wir haben noch keinen Gott gesehen." – „Ich auch nicht, aber es gibt doch einen Gott." – „Beweisen Sie uns das doch einmal."

Ich sagte ihnen, daß es viele Gründe gebe, warum man zum Glauben an Gott kommen kann:

„Ich glaube an Gott, weil das Weltall, die Erde und alles Leben in eine große Ordnung eingebettet sind, die ohne einen großen und weisen und mächtigen Geist nicht zu erklären ist. Die Erde, die Sonne, die Planeten und die Sterne stehen in einem ausgewogenen Verhältnis zueinander. Sie funktionieren wie ein Uhrwerk. Man kann ihre Bahn berechnen und die Zeit genau bestimmen – bis auf die Sekunde genau. Es gibt die Sternzeit. Niemand von Ihnen wird sagen, daß die Uhr ein Zufallsprodukt ist. Ebenso ist es mit der Ordnung im Weltall. – Auch das Leben in seiner Vielfalt und seiner wunderbaren Funktion weist auf einen Schöpfer hin. Viele Faktoren sind notwendig, damit das Leben entstehen und existieren kann. Ich möchte Ihnen ein Beispiel erzählen. Sie kennen doch die Aale. Diese erstaunlichen Lebewesen wandern zur Zeit der Reife von allen Teichen, Seen und Flüssen zu den Tiefen der Bermudas. Von überall wandern sie dorthin, von Europa, Amerika, Rußland und Asien. Sie müssen oft Tausende von Kilometern zurücklegen. Dort laichen die Mutteraale und sterben dann. Die jungen Aale kehren die weiten Wege allein zurück, ohne einen Lotsen, nur ausgerüstet mit den ihnen von der Natur gegebenen Anlagen. Sie kehren zurück zu denselben Küsten, von denen ihre Mutter gekommen war. Aber nicht nur das. Sie finden auch die Flüsse, Seen und Teiche, so daß diese Gewässer immer wieder mit Aalen bevölkert sind. Niemals ist ein amerikanischer Aal in Europa oder in Rußland oder ein europäischer Aal in Amerika gefangen worden. Die Natur hat sogar die Reife der europäischen Aale um ein oder mehrere Jahre hinausgeschoben, um sie so besser für die längere Reise zu rüsten. – Ich könnte unzählige Wunder aus der Natur anführen. Und erst recht der Mensch, die Krone der Schöpfung. Jeder Mensch ist eine wunderbare Welt für sich. Er hat einen Leib und eine Seele. Er besteht aus unendlich vielen Zellen und Organen. Alle zusammen bilden, gesteuert vom Geist, ein einheitliches Ganzes. Sie sind aufeinander abgestimmt. Sie müssen in Harmonie zueinander stehen und die für die Erhaltung des Menschen nötigen Stoffe produzieren, sonst wird der Mensch krank.

Betrachten Sie nur das Auge. Sie sind darauf aus, möglichst einen guten Photoapparat, vielleicht eine Leica oder eine Contax, als Andenken aus Deutschland mit nach Hause nehmen zu können. So ein Andenken, das wäre schon etwas! Aber was ist eine Leica oder Contax gegen das menschliche Auge, das uns in Sekundenschnelle und in bester Schärfe die schönsten farbigen Bilder vermittelt? Weil ich dies und vieles andere weiß, darum glaube ich an Gott, denn ich kann mir nicht vorstellen, daß eine so großartige Ordnung sich von selbst entwickelt hat. Warum ich noch an Gott glaube? Weil ich an Jesus Christus glaube, der gestorben und auferstanden ist."

Ich nannte jetzt den alten russischen Ostergruß: „Christos woskresse – Christus ist erstanden." Da kamen auf einmal die Russen auf mich zu. Ich dachte: „Jetzt ist es aus mit dir." Aber sie umarmten mich und beantworteten den Gruß. „Woiste nowoskresse – Er ist wahrhaft auferstanden."

Ich werde diese meine erste und einzige Predigt vor Russen nie vergessen. Auch das ist Rußland!

Das Unwesen der Razzien

Wenn die russische Kommandantur Arbeitskräfte benötigte, wurden in Wohnungen und auf Straßen Razzien durchgeführt und alle mitgenommen, die für die vorgesehene Arbeit geeignet erschienen. Es wurde dabei keine Rücksicht auf Alter und Geschlecht genommen. Oft sind Frauen, die von zu Hause weggegangen sind, um Lebensmittel für ihre Kinder zu organisieren, nicht nach Hause zurückgekehrt. Die Kinder warteten auf ihre Mutter, aber sie kam nicht. Welche Angst die Kinder dabei gehabt haben, kann sich jeder leicht vorstellen. Es war noch zu ertragen, wenn es sich um einen Arbeitseinsatz für einige Stunden oder nur einen Tag handelte. Aber schlimm war es, wenn er viele Tage, Wochen oder gar Monate dauerte. Man war auf der Straße nie sicher.

So wurden wieder einmal einige Hundert von der Straße weg mitgenommen. Darunter waren auch mehrere Frauen, Mädchen und Jugendliche, die in unserer Pfarrgemeinde aktiv mitgearbeitet haben. Keiner wußte, wohin sie gebracht worden sind. Sie konnten irgendwo in der Nähe sein, aber man konnte sie auch nach Rußland geschafft haben! Diese Ungewißheit war für alle Betroffenen das Schlimmste. Aber mangelnde Information gehört wesentlich zum russischen System.

Durch Zufall erfuhr ich von einer Frau aus der Gemeinde, die in der Küche der russischen Kommandantur auf der Tarnowitzer Landstraße arbeitete, daß ihr Kommandant sicher wüßte, wohin all die Leute gebracht worden sind. Ich machte mich sofort auf den Weg und suchte den Kommandanten auf. Ich wurde gleich vorgelassen, erklärte ihm, daß viele Familien wegen ihrer Angehörigen, die von der Straße weg zur Arbeit fortgeschafft worden sind, in großer Sorge seien. Es wäre schon beruhigend für sie, zu wissen, wo sie sich befänden. Ohne Umschweife antwortete er: „Da kann ich Sie und die Angehörigen beruhigen. Alle befinden sich in Blechhammer, um das ehemalige Hydrierwerk abzubauen." Ich fragte ihn, ob ich dort mal einen Besuch machen und einen Gottesdienst halten dürfte. Ich würde allen Mut machen. Sie würden dann noch fleißiger bei der Arbeit sein. Wenn man zur Arbeit animiert, sind die Russen immer dafür. Er erklärte mir, daß ich schon am nächsten Tag nach Blechhammer fahren könnte. Ein Soldat müßte mit einem LKW dorthin. Er könnte mich mitnehmen. Ich war darüber sehr erfreut und dankte ihm.

Im Pfarrhaus angekommen, packte ich einen Meßkoffer und machte alles für den nächsten Tag bereit. In diesen Stunden der Erwartung lebte ich in einer großen Spannung. Schließlich war es soweit. Zur verabredeten Zeit fand ich mich vor der Kommandantur mit dem Meßkoffer in der Hand ein. Der LKW stand schon bereit. Ich hatte mir für alle Fälle auch Zigaretten und einen „Flachmann" eingesteckt. Ich nahm neben dem Fahrer Platz. Wir fuhren los, und ich stellte fest, daß es wirklich die Richtung Heydebreck war, was mich sehr beruhigte. Man konnte ja schließlich nicht wissen! Wir plauderten zwanglos miteinander. Der Soldat kam aus der Ukraine. Er erzählte mir, daß seine Angehörigen durch die Deutschen viel gelitten hätten. Er wüßte nicht, wo seine Mutter und seine Frau wären. Er hoffe aber, bald heimkehren zu können! Ich fragte ihn, ob er auch bete. Er bejahte es, denn er hätte es so von seiner Mutter gelernt. Nach einer Stunde Fahrt hielten wir mitten im Wald auf einem Industriegelände. Wir waren da. Ich wurde zur Eßbaracke geführt, denn dort mußten alle, aus dem Gelände kommend, vorbeiziehen. Dann kamen sie, die Sklaven des 20. Jahrhunderts, in einer großen Kolonne, von russischen Soldaten begleitet. Wie staunten sie, als sie einen Priester sahen. Ich winkte ihnen zu, und sie winkten freudig zurück. Ich sah gleich mehrere Bekannte, darunter Maria Schönowski, Liesel Scharkowski usw. Sie alle gingen zunächst in ihre Wohnbaracke, um sich zu waschen und für das Essen bereit zu machen. Dann kamen sie in den großen Eßraum. Während des Essens durfte ich zu ihnen einige Worte sprechen. Ich grüßte sie, überbrachte Grüße aus Gleiwitz und erzählte ihnen, daß mir der Kommandant die Erlaubnis gegeben habe, mit ihnen eine hl. Messe zu feiern, die im Anschluß an das Abendessen in diesem Raum stattfinden sollte. Ich spürte die große Freude über diese Nachricht. An der hl. Messe nahmen ausnahmslos alle teil.

Am Anfang der Meßfeier erteilte ich, wie es die Kirche für notvolle Situationen vorgesehen hat, die Generalabsolution. Dann sangen wir die Schubert-Messe, die alle auswendig konnten: „Wohin soll ich mich wenden . . ." Und wie sie gesungen haben! Fast alle hatten Tränen in den Augen. Noch nie hatte ich einen so ergreifenden Gottesdienst miterlebt. Was konnte ich diesen armen Menschen anderes sagen als: „Habt Vertrauen, verzagt nicht, denn gerade in dieser schweren Lage ist der Herrgott bei euch. Der Kommandant hat mir versichert, daß alle nach der Demontage des Werkes wieder nach Gleiwitz zurückgebracht werden. Haltet darum aus! Ich werde versuchen, wiederzukommen, und dann wieder einen Gottesdienst zu feiern." Hinten in der Baracke standen Soldaten und beobachteten alles. Nach dem Schlußsegen und dem Lied „Maria, breit den Mantel aus" hatte ich noch Gelegenheit, mit einigen persönlich zu sprechen. Manche gaben mir Zettel mit Grüßen an die Angehörigen. Dann mußten sie wieder in ihre Baracken zurück.

Mit dem Soldaten, der mich ins Lager gebracht hatte, aß ich zusammen das Abendbrot. Es gab Milchsuppe mit einer für mich undefinierbaren Einlage, dazu auch etwas Brot, das in die Suppe eingetaucht werden mußte. Es schmeckte, und Hunger hatte ich auch. Als mein Gegenüber sich eine Zigarette mit dem bekannten russischen Machorka drehen wollte, zog ich eine Schachtel Zigaretten aus meiner Tasche und gab sie ihm. Obwohl ich selbst Nichtraucher war, rauchte ich aus Sympathie eine Zigarette mit. Ich holte auch aus der tiefen Tasche meines Talars den „Flachmann" hervor, trank an und reichte ihm die Flasche weiter, worüber er sehr erfreut war. Nun, es war auch für mich eine große Freude gewesen, daß ich einen so ungewöhnlichen Gottesdienst in diesem Lager feiern und so vielen Mut machen konnte. Im Zimmer standen zwei Eisenbetten, die als Schlafstatt dienten. Wir haben uns bald nach dem Abendbrot zur Ruhe gelegt. Nachdem das Licht ausgeknipst worden war, faltete ich in meinem Bett die Hände, dankte Gott für die große Gnade des Tages und daß der russische Soldat ein so netter Kerl war.

Am nächsten Morgen gab es zum Frühstück wieder die undefinierbare Milchsuppe, aber das Brot konnte mit Marmelade und etwas Butter bestrichen werden. Draußen waren inzwischen die Gruppen zum Abmarsch ins Gelände angetreten. Ich winkte ihnen zu, bis sie um eine Ecke verschwanden; dann verließen auch wir mit dem LKW das Hydrierwerk. In Gleiwitz an der Kommandantur angekommen, dankte ich dem Kommandanten für seine Freundlichkeit und versicherte ihm, daß alle jetzt viel froher und besser arbeiten würden. Im Pfarrhaus staunten sie über das, was ich ihnen berichtete. Pater Leppich bat mich, es ihm zu ermöglichen, auch einmal nach Blechhammer fahren zu dürfen. Vierzehn Tage später bekam er die Erlaubnis dazu. Die Freude war wieder groß. Als die Arbeit abgeschlossen war, wurden alle nach Gleiwitz zurückgebracht. Wie ich später erfuhr, wurden die abmontierten Teile des Hydrierwerkes nach Rußland gebracht, wo sie auf freiem Gelände ausgelagert worden sind. Dort sind sie allmählich verrottet. Die ganze Arbeit war umsonst!

War es ethisch vertretbar?

Im Rahmen der Hausbesuche besuchte ich auch eine Familie in der Welczekstraße. Bei dieser Gelegenheit waren alle Bewohner des Hauses, mehrere Frauen und Kinder, in einer Wohnung des Erdgeschosses zusammengekommen. Sie erzählten mir von ihren Nöten und Sorgen und vor allem, was sie durchgemacht hatten. Während wir miteinander sprachen, klopfte es an die Haustür. Wir verhielten uns zunächst still. Das Klopfen wurde aber immer lauter. Ich ging zum Fenster und schaute, von den Gardinen verdeckt, auf den Türeingang. Dort standen zwei russische Soldaten. Da sie weiter klopften und unbedingt ins Haus wollten, sagte ich zu den Frauen: „Bewahrt Ruhe. Jede von euch nimmt ein oder zwei Kinder an sich." Einem unverheirateten Mädchen wurde ein Baby in den Arm gelegt. Schließlich war noch eine Achtzehnjährige übrig, für die wir kein Kind hatten. Ich mahnte sie, sich stets an mich zu halten.

118

Dann ging ich zur Tür und öffnete. Die Soldaten waren ganz verdutzt, als sie mich sahen, denn einen Priester hatten sie in diesem Hause nicht erwartet. Ich erkundigte mich nach ihren Wünschen. Sie sagten: „Wir haben gehört, daß im Hause Panienki sind." Ich fragte sie: „Wer hat euch denn das gesagt, hier gibt es keine Panienki." Sie antworteten: „Die Leute haben uns versichert, daß in diesem Hause Panienki sind." Darauf lud ich sie ein: „Kommt und überzeugt euch." Sie folgten mir in die Küche, in der alle versammelt waren. Als die Kinder die Soldaten mit ihren großen Fellmützen sahen, fingen sie an zu weinen. Das war gut so, denn das Weinen verunsicherte diese harten Männer. Sie wandten sich den einzelnen Frauen zu und fragten die erste: „Ist das dein Kind?" Die Antwort: „Ja, das ist mein Kind." Zur zweiten Frau, an die sich ihre zwei Kinder geschmiegt hatten, gewandt: „Sind das deine Kinder?" Die Antwort: „Ja, das sind meine Kinder." Dann blickten sie auf das Mädchen mit dem Baby auf dem Arm und fragten: „Wo ist dein Mann?" Sie erzählte, daß er noch nicht heimgekehrt sei. Darauf fragten sie, ob er ein Nazi war. Ich mischte mich ein: „Nein, hier wohnen keine Nazis." Jetzt fiel ihr Blick auf die Achtzehnjährige an meiner Seite. „Und wer ist das?" Ich sagte: „Das ist meine Frau – moja schena." Bei den Orthodoxen in Rußland sind die Popen verheiratet, so fiel es nicht auf, daß ich von „meiner Frau" sprach. Sie nahmen mir das auch ab. Als die Kinder wieder zu weinen anfingen, streichelten die Soldaten die Kleinen, aber diese schrien um so lauter. Da die Russen in der Regel ein Herz für Kinder haben, machten sie auf einmal kehrt und verabschiedeten sich. Wir atmeten auf. Es war noch einmal gutgegangen. Ich blieb noch einige Minuten da. Als die Luft rein war, verließ ich das Haus. Ich hoffe, daß der Herrgott es mir verzeihen wird, daß ich, um ein Mädchen zu retten, sie als meine Frau ausgegeben habe.

Die Verschleppung tausender Männer in die Sowjetunion

Am Montag, 12. Februar 1945, konnten wir auf Plakaten an Wänden und Litfaßsäulen lesen: „Alle Männer von 16 bis 60 Jahren haben sich binnen 48 Stunden zu Aufbauarbeiten ins Hinterfrontgebiet zu melden. Ausrüstung und Verpflegung für vierzehn Tage sind mitzubringen." Als Sammelstelle war der Bahnhofsplatz von Gleiwitz für den 14. Februar klar angegeben. Auf eine Anfrage bei der Kommandantur, ob auch die Geistlichen von dieser Anordnung betroffen seien, wurde erklärt, daß diese auch für die Geistlichen gelte. Für die St.-Bartholomäus-Gemeinde bedeutete dies, daß Pfarrer Weinert, Pater Leppich und ich ebenfalls fortmüßten und daß damit die Gemeinde verwaist wäre. Pfarrer Weinert hat daraufhin die Oberin des Hedwigsklosters gebeten, für die Zeit unserer Abwesenheit die Gemeinde durch Gebet und Andachten zusammenzuhalten. Ihr wurde ein Tabernakelschlüssel übergeben, damit im Notfall einem Schwerkranken auch die hl. Kommunion gebracht werden könnte.

Am Vorabend hat jeder von uns mit gemischten Gefühlen seinen Rucksack gepackt. Für den 14. Februar, sieben Uhr, war noch eine hl. Messe angesetzt. Da es sich herumgesprochen hatte, daß dies für längere Zeit wohl die letzte hl. Messe sein würde, war die Kirche ganz mit Gläubigen gefüllt. Pfarrer Weinert bat die Gemeinde, nicht zu verzagen, sondern jetzt erst recht in der Zeit der Prüfung durchzuhalten. In Gedanken und unseren Gebeten wollten wir einander verbunden bleiben. Als wir nach dem Gottesdienst durch die Kirche gingen, sahen wir in den Augen vieler Tränen.

Nach dem Frühstück brachen wir mit dem Rucksack auf dem Rücken auf. Am Bahnhofsplatz angekommen, sahen wir eine unübersehbare Schar von Männern. Wir stellten uns mitten unter sie. Zu uns stießen noch andere Mitbrüder aus dem Dekanat. Dann harrten wir der Dinge, die da kommen sollten. Nach einer Wartezeit von einer halben Stunde kam die Nachricht, daß die Geistlichen dableiben dürften. In diesem Augenblick überkam uns ein Gefühl der Scham, besonders als wir in die abgehärmten Gesichter der Männer schauten. Diese Männer hatten noch bis zum Einmarsch der russischen Truppen in den Fabriken, Hütten und Gruben gearbeitet. Sie hatten deshalb nicht direkt am Krieg teilgenommen. Sie hatten auch zum größten Teil nicht mit dem Nationalsozialismus sympathisiert. Nun gingen sie einem ungewissen Schicksal entgegen. Vielleicht wäre es sogar gut gewesen, wenn wir mit ihnen gegangen wären und ihr Los geteilt hätten. Aber wie dringend brauchten die zurückgebliebenen Familien gerade in dieser Zeit die Hilfe ihrer Priester! Uns Priestern ist dadurch sicher viel erspart geblieben. Viele von uns hätten die Heimat wohl nie wiedergesehen und das gleiche Geschick erfahren wie diese Männer, die zum völkerrechtswidrigen Einsatz in der Sowjetunion gezwungen worden sind.

Vor mir liegt das Tagebuch von Hermann Kubitzki, einem Jugendlichen aus unserer Pfarrgemeinde, der damals dabei war und mit achtzehn Jahren im Lager Lissimstroj gestorben ist. Dieses Tagebuch ist in den Westen gelangt. Es schildert das Martyrium der Männer während ihres Arbeitseinsatzes in der Sowjetunion. Sie mußten einen langen, durch Hunger, Entkräftung und Krankheit bedingten Kreuzweg gehen, an dessen Ende für viele der Tod stand. Von ihnen wurde in unseren Medien kaum etwas berichtet, dafür um so mehr von den Leiden der Juden, Polen und Russen. Sein Onkel Richard Liefländer schreibt hierzu:

1. Die Internierung hat Mitte Februar 1945, nach dem Russeneinfall in Oberschlesien, begonnen.
   Am 5. März 1945 ging es von Peiskretscham O/S. aus mit einem Transportzug nach Rußland. Etwa die Hälfte des

Zuges wurde unterwegs in ein anderes Lager abgezweigt. Wir wurden am 19. März 1945 in Lissimstroj (Donezgebiet) ausgeladen (etwa 700 Mann).

2. Die Behandlung war in diesem Lager bis Mitte 1947 barbarisch.

3. Ebenso war die Verpflegung grauenhaft.
   Behandlung und Verpflegung hatten ein Massensterben zur Folge.

4. Medikamentenversorgung kannten wir nicht.
   Wir wurden nur einige Male geimpft, zu welchem Zweck wußten wir nicht. Ich nehme an, daß dies eine psychische Beeinflussung hervorrufen sollte und bei den meisten auch hervorgerufen hat.

5. Um Ihnen einigermaßen ein Bild über die Verhältnisse in unserem Lager zu geben, mögen nachstehende Ausführungen dienen:
   In dem Ort Lissimstroj war ein großes chemisches Werk geplant. Mehrere Werkshallen standen bereits, auch ein großes, fünfstöckiges Verwaltungsgebäude und eine größere Anzahl von Wohnhäuserblocks. Da dieser Ort vorher im Kampfgebiet lag, sind viele Gebäude davon beschädigt worden.
   Wir wurden zu allen möglichen Arbeiten eingesetzt, zu Schachtarbeiten, Instandsetzungsarbeiten der beschädigten Gebäude, im Ziegeleibetrieb, in den Werkstätten, einmal auch auf einem weit gelegenen Kolchos sowie in einem Kalksteinbruch.
   Für die Russen am wichtigsten und eiligsten waren jedoch Gleisverlegungen in dem weiten Sandgebiet. Auf diesen Gleisanlagen rollten bald darauf die Züge mit den in Deutschland geraubten Maschinen, allen möglichen Materialien und Sachen an. Es gab da alles, was man sich nur denken kann.
   Eine Qual war es, die Züge unter großen Schikanen schnell-

stens zu entladen und hernach alles Entladene etwa 150 m auf dem weichen Sandboden weiterzutransportieren, damit Platz gewonnen wurde für die Gegenstände aus dem nächst ankommenden Zug. Unter anderem war dabei auch alles vom abmontierten Hydrierwerk Merseburg.

Unterbringung

Im ersten Lager mußten wir auf dem Fußboden, im zweiten Lager auf Holzpritschen zusammengepreßt wie die Heringe liegen und in unseren Kleidern schlafen.

Schlimm war es für uns, als sich das Ungeziefer einstellte, zuerst Läuse, dann, als wir in ein anderes Lager mußten, dazu die Wanzen, und schließlich kamen Mitte 1947, als wir in primitive Baracken umziehen mußten, noch massenhaft die Flöhe dazu. Bekämpfungsmittel gegen das Ungeziefer gab es nicht.

Verpflegung

Als Verpflegung gab es früh durch Brotkrumen gebräuntes, aufgewärmtes Wasser, mittags Tag für Tag gesäuerte grüne Tomaten und Gurken, gekocht in Wasser, ohne irgendwelche Zutaten. Am Abend gab es für diejenigen, die gearbeitet haben, 700 g Brot (die anderen bekamen weniger). Diese 700 g entsprachen aber nicht dem Gewicht unseres gebackenen Brotes. Das russische Brot wurde in der Kolchosbäckerei in Schüsseln gekocht und war, als wir es bekamen, noch ganz feucht. Gewöhnlich wurde dieses Brot aus Heißhunger sofort verzehrt, so daß man am Morgen mit leerem Magen zur Arbeit gehen mußte.

Ärztliche Betreuung

In unserem Lager hatten wir anfangs einen deutschen Arzt (Dr. Schlicht aus Hindenburg oder Beuthen O/S). Er kümmerte sich aber gar nicht um die Kranken. Als ich ihn einmal darauf hinwies, daß ein Mann im Sterben liegt, sagte er mir: „Da kann ich ihm auch nicht helfen!" Dieser Arzt hat sich dem ersten Krankentransport, der im Oktober 1945 nach Deutschland abging, angeschlossen. Ob er in der Heimat ankam, ist uns nicht bekanntgeworden.

Die Zustände unter diesem Arzt waren im Krankenrevier katastrophal. Wenn einer da hinein mußte, wußte er, daß er lebend nicht mehr herauskam. Die Leidgeprüften lagen in ihren Kleidern auf der blanken Erde, oft einen Ziegelstein als Kopfkissen. Sie mußten hilflos daliegen, bis sie die Augen für immer schlossen.

Nach diesem Arzt versah ein tüchtiger Sanitäter den Krankendienst, fiel aber bald in Ungnade, als er dagegen protestierte, daß zwei sterbenskranke Internierte von einem russischen Offizier brutal zusammengeschlagen wurden. Als sie auf der Erde lagen, trat er noch mit den Stiefeln auf ihnen herum. Ein oder zwei Tage später starben beide. Auch der auf diese Weise in Ungnade gefallene Sanitäter (Robert Depta) ist in dem Lager am 12.6.1947 gestorben. Dieser Sanitäter sorgte dafür, daß für die Kranken im Revier Betten angefertigt wurden. Das besorgten unsere Leute, die in den Werkstätten beschäftigt waren. Es ging dann auch etwas hygienischer im Krankenrevier zu.

Eine Zeitlang war als Lagerarzt eine russische Krankenschwester eingesetzt, die ein Scheusal war und kein Mitgefühl für erkrankte Menschen hatte. Sie verschwand plötzlich aus dem Lager. Wie es hieß, hatte sie sich Verfehlungen zuschulden kommen lassen.

Erst Anfang 1947 übernahm die Betreuung der Kranken eine sehr tüchtige russische Krankenschwester, die sich als Arzt ausgab. Sie war hilfsbereit und hatte volles Mitgefühl für die Kranken. Ihrem Einfluß war es zu verdanken, daß die Kranken auf einem mit weißen Bettlaken versehenen Strohsack schlafen konnten, daß das Krankenrevier saubergehalten wurde und daß die Kranken, soweit es ging, kräftigeres Essen bekamen.

Die Behandlung im Lager

war, angefangen vom russischen Kommandanten und den russischen Offizieren, aber leider auch bis zum deutschen Lagerführer (ein waschechter Kommunist) und einigen sogenannten Brigadieren, brutal. Der russische Lagerkommandant (den wir als roten Teufel ansahen) sagte gleich zu Beginn, als die ersten Sterbefälle eintraten: „Mindestens die Hälfte von euch muß hier krepieren!" Anfang 1947 starb dieser jedoch infolge einer Kopfverletzung.

Nun bekamen wir einen neuen russischen Lagerkommandanten, der menschliches Mitleid mit uns hatte. Er konnte aber nicht mehr verhindern, daß auch unter seiner Leitung noch viele der bereits zu sehr geschwächten Männer starben.

Bei den meisten der Verstorbenen wurde als Grund „Dystrophie" genannt. Durch die einseitigen sauren Wassersuppen blähte sich der ganze Körper mit Wasser unförmig auf. Man wurde so schwach, daß man sich kaum bewegen konnte. Trotzdem wurden die schon vom Tode Gezeichneten, solange sie noch gehen konnten, zur Arbeit hinausgetrieben. Es kam vor, daß einige auf dem Wege zur oder von der Arbeit zusammenbrachen und starben. In den meisten Fällen stellte sich aber im Endstadium ein nicht zu stillender Durchfall ein. Das Wasser ging dabei ab, und der Körper magerte in kurzer Zeit zum Skelett ab. Es war grauenhaft, die Elendsgestalten in diesem Zustand zu sehen. Ich erinnere mich nur sehr ungern daran. Der Tod erreichte dann diese meist beim Schlafen. Es gab auf einmal ein letztes Röcheln, und das Leben war erloschen.

Ein grausames Martyrium hatten in dem kalten Winter 1946/ 1947 etwa 40 Mann bei Arbeiten in einem Kalksteinbruch in Lischischanz zu erdulden. Sie wurden so geschunden, daß von Mitte Dezember 1946 bis März 1947 nur noch 7 Mann übrigblieben und in unser Lager zurückgeholt wurden.

Da Erich Wrotny auch in dieser Zeit starb, nehme ich an, daß er ebenfalls zu diesen Leidgeprüften zählte. An Einzelheiten kann ich mich nach über 30 Jahren nicht mehr erinnern. Zur Erhärtung meiner Angaben lege ich aber diesem Schreiben eine Liste bei mit den Angaben der in unserem Lager Verstorbenen. Diese Liste habe ich selbst aufgestellt, als ich infolge eines schweren Unfalles längere Zeit im Revier lag und mir die da geführte Liste der Verstorbenen in die Hand kam. Der hier tätige Hilfssanitäter, mit dem ich ein gutes Einvernehmen hatte, vertraute mir die Liste zum Abschreiben an. Von ihm erfuhr ich auch weiterhin stets, wer in dem Lager verstorben war. Leider ist dieser Hilfssanitäter ebenfalls verstorben.

Nähere Daten mit den einzelnen Anschriften und Geburtsdaten wagte ich nicht aufzuschreiben, weil schon diese knappen Aufzeichnungen für mich ein großes Wagnis waren und ich sie nur mit List durchschmuggeln konnte.

Im ersten halben Jahr hatten wir die Möglichkeit, uns an der Beerdigung der Verstorbenen zu beteiligen. Ich versuchte, diese dabei etwas pietätvoll zu gestalten. Später ist mir das verwehrt worden. Die Toten wurden danach jeden Tag gegen 16 Uhr, ohne daß jemand daran Anteil nehmen konnte, nackt auf einen Panjewagen geladen, aus dem Lager weggefahren und „ver"graben! Wir konnten das nach Rückkehr von der Arbeit nur noch zur Kenntnis nehmen.

Daß ich noch die Möglichkeit hatte, zurückzukehren, schreibe ich dem Umstand zu, daß ich einen schweren Unfall erlitt und in dem Krankenrevier von den Sanitätern gut gepflegt worden bin. Wenn ich auch jetzt noch unter den Unfallfolgen zu leiden habe, so danke ich Gott, daß ich nach Deutschland zurückkehren konnte.

Im Oktober 1945 erfolgte der erste Heimtransport von Kranken und über 50 Jahre alten Männern. Sie mußten in der kalten Jahreszeit auf den blanken Böden der Waggons die Fahrt mitmachen. Wie es sich herumsprach, sollen auf diesem Transport und später auch noch in der Heimat mehrere Männer verstorben sein.

Der zweite Transport erfolgte ein Jahr später. Da in der Zwischenzeit die mitgebrachten Kleidungsstücke sehr verschlissen waren und wir keine anderen erhielten, kamen die meisten in Lumpen bei der Eisenbahnstelle an. Wir Zurückgebliebenen erlebten dabei folgende Überraschung. Als wir mittags von der Arbeitsstelle in das Lager kamen, waren wir erstaunt und verwundert darüber, daß wir gleich beim Eingang des Lagers untersucht wurden, ob wir noch eine Unterhose und ein Hemd hatten. Jedem, der diese zwei Sachen besaß, wurde ein Teil abgenommen, mir die Unterhose. Wir waren über diese Maßnahme erstaunt, erfuhren aber bald, worauf dies zurückzuführen war. Als nämlich der Transportoffizier eines Kriegsgefangenenlagers den zerlumpten Elendszug ankommen sah, wollte er diese Männer nicht mitnehmen, sondern in das Lager zurückschicken. Nur das flehende Bitten ließ ihn zunächst erweichen. Als er jedoch bei näherem Zuschauen sah, daß viele von den Männern sogar keine Unterwäsche hatten, rief er den Lagerkommandanten an und sagte, daß er die Leute nicht mitnehme, wenn er nicht in kürzester Zeit Unterwäsche für jeden einzelnen Mann bekäme. Er wollte dies dann nach Moskau berichten. Darum mußten unsere dreckigen, verlausten Sachen so schnelle Abhilfe schaffen. Auch bei diesem Transport sollen mehrere Männer unterwegs verstorben sein.

Der dritte Transport, an dem auch ich teilnehmen konnte (weil ich, durch einen Unfall schwer verletzt, als Invalide galt), erfolgte im November 1947. Er verlief besser als die vorigen. Wir bekamen nämlich mehrere Monate vorher einen neuen russischen Lagerkommandanten, nachdem der grausame gestorben war. Obwohl dieser als Russe keine Freundschaft mit uns schloß, war er menschlich gesinnt und gab sich Mühe, uns das zu geben, was uns zustand. In seinem Beisein durfte auch keiner unserer Leute mehr geschlagen werden. Als unser Transport zusammengestellt wurde, durfte keiner zerrissene Sachen haben. Mit allen möglichen erreichbaren Fäden wurde jedes aufgerissene Loch geflickt. Auch sorgte er dafür, daß je zwei Mann für den Transport im Waggon einen gefüllten Strohsack bekamen. Außerdem wurde ein Lastwagen zerkleinertes Brennholz mitgegeben, damit wir den Wagen ein wenig beheizen konnten.

Ebenso ist es im Krankenrevier viel freundlicher geworden, nachdem wir etwa ein halbes Jahr vor meiner Entlassung eine russische Ärztin bekamen, die sich den Kranken gegenüber liebevoll zeigte.

Nach unserem Transport verblieb im Lager nur noch ein kümmerlicher Rest. Da sich wohl die Aufrechterhaltung des Lagers für die wenigen Leute nicht mehr lohnte, wurde es aufgelöst. Die restlichen Männer kamen etwa 3 bis 4 Wochen nach uns in Deutschland an. Wir freuten uns darüber, als wir dies im Auffanglager Pirna in Sachsen erfuhren.

In unserem Lager sind nach meinen Aufzeichnungen bis zu meinem Dortsein 255 Männer verstorben. Wieviele Tote es noch bei den anderen Rücktransporten und danach in der Heimat infolge des Lagerleidens gab, ist mir unbekannt.

Wir gedenken in Dankbarkeit aller Jungmänner und Männer, die im Februar 1945 interniert und in die Sowjetunion verschleppt worden sind.

Sie haben fern der Heimat den Tod gefunden und wurden außerhalb des Lagers verscharrt.

Stellvertretend für Hunderttausende sind hier die 251 Männer genannt, die im Arbeitslager Lissimstroj (Donezgebiet) umgekommen sind.

Herr, gib ihnen die ewige Ruhe!

*Im russischen Gefangenenlager Lissimstroj (Donezgebiet) in der
Zeit vom März 1945 bis Oktober 1947 Verstorbene*

Name, Todestag	Name, Todestag
Chalupnik, Lothar, 18.3.45	Wilczek, Wilhelm, 25.8.45
Golombek, Paul, 29.3.45	Schwarz, Josef, 29.8.45
Kaduk, Erwin, 29.3.45	Kotzur, Johann, 31.8.45
Schwitalla, Adolf, 5.4.45	Pieczynka, Rudolf, 1.9.45
Sgraj, Josef, 2.4.45	Schüttnitz, Kurt, 8.9.45
Kaminski, Karl, 6.4.45	Wrobel, Paul, 12.9.45
Zimnik, Johann, 7.4.45	Klose, Paul, 13.9.45
Noske, Paul, 16.4.45	Schubert, Hans, 13.9.45
Magiera, Edmund, 21.4.45	Matheja, Thomas, 14.9.45
Krawietz, Paul, 21.4.45	Klos, Wilhelm, 15.9.45
Bednorz, Wilhelm, 10.5.45	Kubitza, Franz, 19.9.45
Baldy, Paul, 18.5.45	Schweda, Wilhelm, 17.9.45
Bowetzki, Paul, 24.5.45	Stiller, Walter, 20.9.45
Dudek, Wilhelm, 2.6.45	Baumelt, Robert, 23.9.45
Wantzki, Franz, 3.6.45	Slotta, Josef, 23.9.45
Hofstett, Erwin, 10.6.45	Bulla, Franz, 23.9.45
Koska, Richard, 26.6.45	Mrosek, August, 24.9.45
Konietzny, August, 26.6.45	Polczyk, Johann, 27.9.45
Krzoska, Paul, 3.7.45	Pigulla, 27.9.45
Schymura, August, 7.7.45	Baumgärtner, 1.10.45
Patas, Valentin, 10.7.45	Pulla, Max, 2.10.45
Gaida, Alois, 14.7.45	Stray, Hubert, 3.10.45
Matzelt, Theodor, 16.7.45	Wrzeniowski, Franz, 4.10.45
Elsner, Richard, 16.7.45	Richter, Anton, 5.10.45
Regulla, Alois, 24.7.45	Matyssek, Johann, 6.10.45
Cyglarek, Alfons, 26.7.45	Fiola, August, 6.10.45
Pohl, Fritz, 27.7.45	Plusczyk, Max, 6.10.45
Walczek, Vinzent, 30.7.45	Lukasczyk, Oskar, 7.10.45
Gläser, Wilhelm, 30.7.45	Lunkert, Oskar, 7.10.45
Wollnik, Edmund, 31.7.45	Vogel, Theodor, 24.10.45
Jahn, Werner, 1.8.45	Duda, Karl, 24.10.45
Stanitzek, Hermann, 5.8.45	Soika, Herbert, 24.10.45
Hollmann, Wilhelm, 15.8.45	Zdralek, Simon, 25.10.45
Norden, Erwin, 18.8.45	Gilga, Paul, 28.10.45
Mandrella, Paul, 19.8.45	Plawetzki, Georg, 29.10.45
Schroth, Paul, 20.8.45	Kapitza, Josef, 30.10.45
Wiechotzek, Anton, 24.8.45	Michalski, Wilhelm, 30.10.45
Schigulski, Theophil, 25.8.45	Wuttke, Josef, 7.11.45
Kulik, Richard, 25.8.45	Wrotzlawik, Johann, 7.11.45

Name, Todestag	Name, Todestag
Wilk, Franz, 13.11.45	Kuschmann, Paul, 12.8.46
Kucznik, Josef, 17.11.45	Jaunisch, Robert, 18.8.46
Roskosch, Nikolaus, 17.11.45	Rassek, Bernhard, 26.8.46
Schmiga, August, 20.11.45	Nowak, Theodor, 27.8.46
Gralla, Konrad, 20.11.45	Ruchlik, Josef, 28.8.46
Krauther, Erich, 22.11.45	Dziallas, Erich, 30.8.46
Muscher, August, 25.11.45	Pfitzner, Georg, 6.9.46
Gurowietz, Karl, 3.12.45	Nowak, Emil, 6.10.46
Kipka, Paul, 3.12.45	Walocha, Serafin, 27.10.46
Stenzel, Paul, 4.12.45	Ernst, Paul, 11.11.46
Bytomski, Karl, 6.12.45	Kotzur, Konrad, 21.11.46
Urbanietz, Anton, 7.12.45	Ortel, Karl, 28.11.46
Nietzek, Erich, 7.12.45	Kroll, Georg, 30.11.46
Christen, Anton, 12.12.45	Wionzik, Otto, 9.12.46
Gaida, Alois, 15.12.45	Geserich, Wilhelm, 15.12.46
Ostrzoncek, Eduard, 20.12.45	Kreuzer, Franz, 16.12.46
Gawlitza, Konrad, 20.12.45	Tenk, Georg, 20.12.46
Knich, Alfons, 22.12.45	Furgoll, Wilhelm, 21.12.46
Banisch, Theophil, 23.12.45	Buhl, Max, 21.12.46
Golomb, Wilhelm, 24.12.45	Kontni, Karl, 24.12.46
Profuß, Peter, 31.12.45	Czaja, Franz, 24.12.46
Kubitzki, Gerhard, 5.1.46	Hentschel, Hubert, 26.12.46
Stosch, Paul, 11.1.46	Schmidt, Ernst, 30.12.46
Warzecha, Franz, 27.1.46	Losert, Wilhelm, 5.1.47
Zuber, Georg, 2.2.46	Franik, Johann, 5.1.47
Herrisch, Bernhard, 1.3.46	Burek, Johann, 8.1.47
Hoppe, Georg, 31.3.46	Wallach, Anton, 12.1.47
Stroszyk, Edmund, 5.4.46	Jagla, Georg, 12.1.47
Bialas, Ferdinand, 7.4.46	Marx, Vinzent, 15.1.47
Stolle, Bruno, 19.4.46	Kempinski, Fritz, 17.1.47
Smikalla, Johann, 8.5.46	Nieradzik, Josef, 25.1.47
Drzisga, Josef, 24.5.46	Zdralek, Arthur, 26.1.47
Bombenek, Rudolf, 9.6.46	Skwara, Alois, 26.1.47
Mlynek, Paul, 14.6.46	Böler, Emil, 28.1.47
Bednorz, Anselm, 10.6.46	Grzesitza, Karl, 30.1.47
Klimke, Walter, 18.6.46	Leschni, Edmund, 1.2.47
Sczigiel, Ernst, 6.7.46	Filok, Josef, 2.2.47
Wojatzek, Johann, 7.7.46	Boczek, Alois, 3.2.47
Gwosdz, Max, 14.7.46	Sprott, Anton, 4.2.47
Dyllus, Albert, 22.7.46	Pelka, Vinzent, 4.2.47
Mrass, Gerhard, 28.7.46	Przybilla, Oswald, 4.2.47
Mitas, Heinrich, 27.7.46	Mrochen, Peter, 7.2.47
Janoscha, Josef, 3.8.46	Pasternak, Johann, 7.2.47

Name, Todestag	Name, Todestag
Pawlik, Arthur, 8.2.47	Zielosko, Karl, 10.4.47
Gatys, Hermann, 11.2.47	Okon, Max, 10.4.47
Wrotny, Erich, 11.2.47	Jusek, Alfred, 13.4.47
Kuban, Paul, 12.2.47	Stolka, Josef, 16.4.47
Sawierucha, Rudolf, 12.2.47	Kudlek, Bruno, 17.4.47
Grzeganek, August, 15.2.47	Kopyciok, Johann, 19.4.47
Glosch, Richard, 15.2.47	Motzek, Wilhelm, 20.4.47
Vogt, Karl, 17.2.47	Foit, Wilhelm, 22.4.47
Hudzik, Alfons, 21.2.47	Bednarowitz, Gerhard, 26.4.47
Bieganski, Thomas, 21.2.47	Retta, Josef, 27.4.47
Scheliga, Richard, 22.2.47	Gorgoll, Robert, 8.5.47
Foit, Konrad, 23.2.47	Kischka, Johann, 11.5.47
Jendrossek, Wilhelm, 24.2.47	Blase, Otto, 13.5.47
Lamla, Ernst, 25.2.47	Habraschka, Richard, 19.5.47
Kabisch, Karl, 2.3.47	König, Max, 21.5.47
Jendryczka, Ignatz, 9.3.47	Zwirner, Josef, 10.6.47
Schmelz, Max, 12.3.47	Depta, Georg, 12.6.47
Pyttel, Wilhelm, 12.3.47	Schymura, Franz, 21.6.47
Zettel, Helmut, 14.3.47	Paris, Max, 7.7.47
Schyma, Alfons, 16.3.47	Kaczmarczyk, Roman, 3.8.47
Ruzok, Josef, 17.3.47	Paprotny, Ewald, 3.8.47
Liebler, Erich, 17.3.47	Goretzki, Franz, 12.8.47
Janotta, Josef, 25.3.47	Gabrielczyk, Paul, 17.8.47
Striemer, Emil, 25.3.47	Kikut, Mathäus, 21.8.47
Piechulla, Albert, 25.3.47	Körner, Georg, 24.8.47
Pissarczyk, Max, 26.3.47	Irrek, August, 11.9.47
Kühl, Gustav, 27.3.47	Mehlich, Johann, 11.9.47
Czogalla, Anton, 29.3.47	Grzeschik, Josef, 16.9.47
Gliwa, Wilhelm, 31.3.47	Niebur, Franz, 19.9.47
Strominski, Alois, 1.4.47	Habel, Georg, 25.9.47
Stier, Viktor, 1.4.47	Skolski, Johann, 25.9.47
Skwarczyk, Anton, 4.4.47	Kroker, Franz, 26.9.47
Herz, Max, 5.4.47	Zelawski, Viktor, 27.9.47
Wlodarz, Ernst, 7.4.47	Blasczyk, Robert, 27.9.47
Pachmann, Ernst, 7.4.47	Koruschowitz, Albert, 4.10.47
Kossytorz, Alfred, 8.4.47	Machoczek, Wilhelm, 6.10.47
Kirchner, Richard, 8.4.47	Nowak, Paul, 6.10.47
Nierlich, Josef, 8.4.47	Rohn, August, 10.10.47
Witzik, Paul, 8.4.47	Sonnek, August, 22.10.47
Banisch, Josef, 8.4.47	Keller, Karl, 25.10.47
Kuban, Josef, 9.4.47	Kotzur, Johann, 25.10.47
Böhm, Max, 9.4.47	Konietzny, Wilhelm, 26.10.47
Suchan, Alois, 28.3.47	

Im Transportzug auf dem Weg in die Heimat verstorben:
Fabian, Georg, 4.11.47
Hilscher, Franz, 5.11.47

Bald nach Eintreffen des Zuges in der Heimat verstorben:
Wilk, Silvester, Oktober 1945
Lippa, Franz, November 1947
Grützmann, Edmund, November 1947
Kelsch, Erich, November 1947

Sie starben, damit wir leben.

Unter polnischer Verwaltung

Als noch die russische Kommandantur für die Ordnung in der Stadt verantwortlich war, hatte die deutsche Bevölkerung wegen ihrer deutschen Nationalität und Sprache keine Schwierigkeiten. Das wurde aber schlagartig anders, als die Verwaltung den Polen übertragen wurde. Auffällig war, daß auf einmal viele Kommunisten auftauchten. Das lag natürlich ganz im Sinne der Sowjets, die bereits vorher in Lublin eine provisorische kommunistische Regierung – genannt: „Polnisches Komitee für die nationale Befreiung" – eingesetzt hatten, um ganz Polen als kommunistischen Satelliten aufzubauen.

Die Amerikaner und Engländer haben diese Gefahr anfänglich nicht erkannt. Sie glaubten damals noch, daß in Polen entsprechend den Abmachungen von Teheran und Jalta ein demokratisches Regime errichtet werden würde. Sie glaubten auch verhindern zu können, daß die westliche Grenze Polens bis an die Lausitzer Neiße vorgeschoben würde, da eine so große Gebietserweiterung Polens nach dem Westen der „Polnischen

Gans" schlecht bekommen und überdies noch andere Probleme aufwerfen würde. Aber sie waren dem listigen Stalin in keiner Weise gewachsen. Während sie auf Verhandlungen bauten, haben die Sowjets und das polnische kommunistische Regime gleich vollendete Tatsachen geschaffen. Die Polen haben die ihnen von den Sowjets zur Verwaltung übertragenen östlichen deutschen Provinzen ohne Rücksicht auf das Recht okkupiert. Es wurden sofort nach dem Vorbild der übrigen polnischen Provinzen eine Verwaltung aufgebaut, die deutsche Sprache verboten, die deutschen Straßenschilder durch polnische ersetzt, die deutsche Währung abgeschafft und polnische Banken und Geschäfte eröffnet.

Polnische Miliz erschien auf den Straßen. Unsere Heimat war auf einmal verändert. Man konnte jetzt gegen Złotys alles bekommen. Unsere Leute bemühten sich, durch den Verkauf ihrer noch geretteten Habe auf dem Schwarzmarkt zu Złotys zu kommen, um damit Lebensmittel für die Familie zu kaufen. Manche haben sich auf diese Weise einige Zeit durchschlagen können. Es wurde gleich mit NS-Methoden begonnen, die „eigentlichen Deutschen" aus Oberschlesien zu vertreiben. Ohne Vorwarnung wurden sie aus ihren Wohnungen abgeholt, in ein Lager gebracht und dabei ihrer letzten Habe beraubt. Infolge der geringen Information wußte niemand, wohin sie gebracht worden waren. Es gingen die wildesten Gerüchte um. Von Warschau, Moskau und Sibirien wurde gesprochen. Schon der Gedanke daran flößte allen großen Schrecken ein. Die „eigentlichen Deutschen" wurden deshalb so schnell vertrieben, weil man vor den Westmächten erklären wollte, daß es überhaupt keine Deutschen im Lande mehr gebe, denn diese seien vor den Russen geflohen. Alles deutsche Eigentum wurde zum Staatseigentum erklärt.

„Die alteingesessenen Oberschlesier, auch Autochthonen genannt, wurden aufgefordert, die vorläufige polnische Staatsangehörigkeit – tymczasowe obywatelstwo – zu beantragen.

Man sah in ihnen germanisierte Polen, die nun wieder polonisiert werden müßten. Die polnische Besatzungsmacht legte natürlich großen Wert darauf, daß möglichst viele Oberschlesier diesen Antrag stellten, weil sie um den großen Wert wußten, der in diesen fleißigen Menschen steckte, aber auch um den polnischen Charakter von Land und Leuten zu beweisen (laut Bericht von Prof. Dr. Emil Brzoska). Deshalb hat Gomulka, Minister für die wiedergewonnenen Westgebiete, erklärt, daß Polen nicht eine einzige Seele abgeben werde. Wer den Antrag zur Erlangung der vorläufigen polnischen Staatsangehörigkeit gestellt hatte, man nannte diesen Antrag auch ‚Option für Polen', durfte dableiben und Hab und Gut behalten. Wer nicht bereit war zu optieren, wurde aufgefordert, das Gebiet unverzüglich zu verlassen." Trotzdem sind aber sehr viele in der Hoffnung auf eine baldige Änderung der Situation dageblieben und konnten sich noch einige Zeit in der Heimat halten. Schließlich wurden sie eines Tages ohne Vorbereitung abgeholt und in ein Lager überführt. So befanden sich unsere Menschen in einer großen Zwangslage.

In ihrer Not kamen sie zu uns – zu wem hätten sie sonst gehen können? – und fragten, ob sie den Antrag auf Erlangung der vorläufigen polnischen Staatsangehörigkeit stellen oder die Heimat verlassen sollten. Gründe, vorläufig noch dazubleiben, gab es viele. Der größte Teil der Soldaten befand sich in der Kriegsgefangenschaft, tausende Männer waren interniert und nach Rußland verschleppt worden, wieder andere waren noch irgendwo im Westen. Man wollte darum erst noch abwarten, bis sie heimgekehrt waren, dann könnte die ganze Familie entscheiden, was geschehen sollte. Viele glaubten damals auch, sie könnten als Deutsche im neuen polnischen Staat leben. Sie erinnerten sich, daß nach dem Ersten Weltkrieg der größte Teil der Deutschen in Ostoberschlesien geblieben war und das Deutschtum bewahrt hat, wenn auch viele Tausende damals, darunter Lehrer und ehemalige deutsche Beamte, ausgewiesen worden waren. Zum Schutz der Minderheit war von den Regierungen sogar das Minderheitenschutzrecht entwickelt worden. Warum sollte so etwas nicht auch jetzt möglich sein? Gründe gab es also genug, vorläufig noch dazubleiben.

Im übrigen glaubte niemand, außer den Polen, daß das Land bei Polen bleiben würde. Wir alle waren damals überzeugt, daß die Gebiete wieder zu Deutschland kommen würden, sobald der Friedensvertrag geschlossen werde. Wenn in Oppeln oder in einer anderen Stadt Oberschlesiens der LKW einer amerikanischen Kommission gesehen wurde, verbreitete sich gleich die Nachricht: „Die Amerikaner sind bald da!" Typisch für die Hoffnung auf eine baldige Änderung ist ein sehr verbreiteter politischer Witz gewesen.

„Weißt du, was N S D A P bedeutet?" – „Naszi są daleko, ale przydą", d.h. „Unsere sind weit, aber sie kommen."

Die Potsdamer Konferenz brachte dann freilich eine erste große Ernüchterung, weil dort die Aussiedlung aller Deutschen auf humane Weise beschlossen worden ist. Da aber die Festlegung der polnischen Westgrenze in einem Friedensvertrag erfolgen sollte, bekam man auch wieder Mut und wartete auf den möglichen baldigen Friedensvertrag, durch den dann alles gut werden könnte. So hatten wir Verständnis für alle, die sich entschlossen hatten, die vorläufige polnische Staatsangehörigkeit zu beantragen. Ihre Option für Polen aber war null und nichtig, weil in der damaligen drangvollen Lage ihre freie Entscheidung so sehr eingeschränkt war, daß von einem freien Willensentschluß nicht die Rede sein konnte.

Ich selbst habe mich entschlossen, einen solchen Antrag nicht zu stellen, obwohl Pfarrer Weinert und seine Mutter mich sehr darum gebeten haben, damit wir noch zusammenbleiben könnten. Diese Entscheidung brachte mir viele Ungelegenheiten. Ich war mir klar, daß es nicht sehr lange verborgen bleiben konnte, wenn ein Priester in exponierter Stellung nicht optiert hat. Ich wollte aber, solange wie nur möglich, im Interesse der Menschen aushalten, mußte jedoch damit rechnen, täglich abgeholt zu werden.

Aber auch diejenigen, die optiert hatten, waren noch nicht sicher, ob sie für immer in der Heimat bleiben konnten. Es wurden später Verifikationsstellen geschaffen, die festzustellen hatten, ob jemandem die polnische Staatsangehörigkeit auf Dauer zuerkannt werden kann. Wer dann die endgültige polnische Staatsangehörigkeit erhalten wollte, war gezwungen, sein Deutschtum zu verleugnen und die Kinder polonisieren zu lassen. Die deutsche Sprache wurde verboten und unter Strafe gestellt. Trotz Option wurden die Oberschlesier aber als Bürger zweiten Ranges angesehen. Sie erlebten Mißtrauen, Abneigung und bisweilen auch Haß wie nie zuvor, weil sie wegen ihres Fleißes und ihrer Tüchtigkeit den anderen immer etwas voraus waren. So wurde die Heimat ihnen zur Fremde.

Von den 1 790 000 Einwohnern in Oberschlesien sind etwa die Hälfte „Eingeborene". Gegen 200 000 haben Anträge auf eine Ausreise gestellt. In der alten Heimat erfahren sie Schikanen und werden als „german" bezeichnet. Die Opfer, die sie mit dem Antrag auf Ausreise bringen, sind groß. Was sie in den vergangenen 35–40 Jahren erarbeitet und erworben haben, müssen sie als Aussiedler zurücklassen. In der Bundesrepublik beginnt in der Regel erst ein längeres Lagerleben, wenn sie nicht Angehörige haben, die sie aufnehmen. Die neue Umgebung, der heutige Mangel an Arbeitsplätzen, die Suche nach einer Wohnung, die Sorge für die schulische Einbindung der Kinder und Ausbildung der Jugendlichen und auch die Beschimpfung durch Westdeutsche als Polaken, weil sie nicht die deutsche Sprache beherrschen, die ihnen zu sprechen über vierzig Jahre verboten war, sind Lasten, die nur ertragen werden können, wenn die Aussiedler als Deutsche kommen, weil sie Deutsche bleiben wollen. Ihnen unlautere Motive zu unterstellen, daß sie nur kommen, um am Wohlstandsleben des Westens Anteil zu haben, ist ein Unrecht ihnen gegenüber. Es soll nicht verkannt werden, daß einige auch aus dem genannten Grunde kommen. Eine Verallgemeinerung ist freilich falsch. Ich wohne in Damme am Dümmer See in einer Siedlung, in der auch viele Spätaussiedler gebaut haben. Ich kann von keinem sagen, daß ihn unlautere Beweggründe bewogen haben, in die Bundesrepublik überzusiedeln. Die Spätaussiedler sind keine Belastung für uns, sondern ein wertvolles Potential für die Zukunft, für das wir dankbar sein sollten.

Nach deutschem Recht sind die Daheimgebliebenen deutsche Bürger. Wenn sie hier eintreffen, wird ihnen die deutsche Staatsbürgerschaft nicht verliehen, sondern vom Bundesamt für Heimatvertriebene in Friedland bestätigt.

Verbot der deutschen Sprache

Mit der Übernahme der Verwaltung Oberschlesiens durch die Polen wurde sofort die deutsche Sprache verboten und damit auch die gesamte Seelsorge beeinträchtigt. Wir haben uns zunächst dadurch geholfen, daß wir des öfteren die lateinischen Choralmessen bei den Gottesdiensten sangen, die allen bekannt waren, weil wir sie schon lange vorher mit der Jugend eingeübt und gesungen hatten. Dazu kamen einige kurze Psalmenverse, die Sakramentslieder: Tantum ergo sacramentum – Adoro te devote latens Deitas und die marianischen Gesänge des Salve Regina und Regina coeli. Mit Pater Leppich übersetzten wir einige kleine Lieder ins Lateinische wie z. B. das „Jesus, Dir leb ich, Jesus, Dir sterb ich, Jesus, Dein bin ich im Leben und im Tod". Immer wieder sang dann die Gemeinde: „Jesus in vita, Jesus in morte, Jesus, totus tuus in vita et in morte." Von einigen Leuten bekamen wir noch alte Gebet- und Gesangbücher in polnischer Sprache, aus denen früher, bevor die polnische

Sprache bei den Gottesdiensten von den Nazis verboten worden war, gesungen und gebetet wurde. Dieses alte polnische Gebet- und Gesangbuch von Skowronek, das den Titel ‚droga do nieba' – ‚Weg zum Himmel' hatte, kam uns jetzt gelegen, denn in ihm befanden sich viele Lieder, die einst aus dem deutschen Kirchengesang- und -gebetbuch unter Beibehaltung der Melodien ins Polnische übertragen worden waren.

So versuchten wir, die sprachliche Barriere zu überbrücken. Natürlich haben wir das „Vater unser", „Gegrüßet seist Du, Maria" und das Glaubensbekenntnis auch in polnischer Sprache gebetet. Ich hatte in der Gemeinde eine Kinderschola. Mit dieser habe ich kleine polnische Lieder mehrstimmig eingeübt, worüber sich auch die Polen, die inzwischen eingesickert waren, sehr gefreut haben.

Erregte Diskussion über den Gebrauch der deutschen Sprache auf der Dekanatskonferenz in Gleiwitz

Eine Priesterkonferenz war nach den turbulenten Wochen längst fällig. Vor allem mußte das Verbot der deutschen Sprache besprochen werden. Damals gab es noch keine polnischen Priester im Dekanat, so daß wir völlig frei und ungezwungen reden konnten. Durch das Verbot der deutschen Sprache war unsere seelsorgliche Tätigkeit unmittelbar berührt, denn die meisten Leute sind beim Einmarsch der Russen dageblieben und verstanden kein Polnisch. So war die deutsche Sprache ein seelsorgliches Erfordernis. Überdies beschwerten sich schon Polen, die nach Gleiwitz gekommen waren, daß noch deutsch gesprochen wurde. Sie machten mir manche Szene in der Sakristei, weil ich an den Sonntagen das Evangelium auch in deutscher Sprache vorgelesen und anschließend eine kleine deutsche Ansprache gehalten habe.

Auf der Priesterkonferenz im Pfarrhaus von Allerheiligen kam es zu einer hitzigen Debatte. Erzpriester Sobek bat uns, das Verbot der deutschen Sprache zu respektieren. Er war der Meinung, daß die Polen sich uns in Zukunft dankbar zeigen würden, wenn wir ihrer Forderung entsprächen. Er empfahl uns auch, die vorläufige polnische Staatsangehörigkeit zu beantragen, damit wir Priester bei den Gemeinden bleiben könnten. Es hatte sich nämlich inzwischen herumgesprochen, daß alle deutschen Priester Oberschlesien verlassen müßten.

Kaum hatte Erzpriester Sobek seine Meinung geäußert, als einige Mitbrüder gleich ihren Unmut über seine Worte zum Ausdruck brachten, weil sein Vorschlag in keiner Weise die Interessen der Seelsorge berücksichtigte. Die meisten Mitbrüder waren auch nicht bereit, für Polen zu optieren. Sie äußerten sich dahingehend, daß wir als deutsche Seelsorger die Pflicht hätten, uns für den Gebrauch der deutschen Sprache in den Gottesdiensten und bei der Spendung der Sakramente bei den Behörden einzusetzen. Ich meldete mich zu Wort und erklärte, daß wir gerade in dieser großen seelischen und leiblichen Not unseren Gläubigen mit dem tröstenden Wort nahe sein müßten. Ich gab auch meiner Verwunderung Ausdruck, daß Erzpriester Sobek, der ein kerndeutscher Mann war und schon nach dem Ersten Weltkrieg wegen seines Deutschtums seine ostdeutsche Heimat verlassen mußte, nun einen solchen Vorschlag unterbreite. Ich bat ihn, mit der polnischen Behörde Kontakt aufzunehmen und sich im Namen aller Priester des Dekanates für den weiteren Gebrauch der deutschen Sprache in den Gottesdiensten einzusetzen. Die Mitbrüder stimmten diesem Vorschlag zu. Wir bedauerten es, daß keine Verbindung mit der kirchlichen Behörde in Breslau, das zur Festung erklärt und von der Außenwelt abgeschnitten war, bestand. Wir sind von der Priesterkonferenz unzufrieden heimgegangen. Ich selbst habe mich an das Sprachverbot nicht gehalten, auch wenn mir dadurch manche Ungelegenheiten entstanden sind.

Die katholischen Priester und die Option für Polen

Den Pfarrern Oberschlesiens war in den meisten Fällen der Zwang zur Annahme der polnischen Staatsangehörigkeit ein Greuel. Wenn sie es taten, dann nur deswegen, weil sie es für ihre pastorale Pflicht hielten, bei ihren Gemeinden auszuharren. In einigen Gegenden sind ganze Dörfer geschlossen dageblieben. Die Bewohner haben sich dazu gegenseitig ermuntert, damit keine Polen ins Dorf hineinkämen. Doch wurden bald 79 Pfarrer durch die Behörden, auch von den kirchlichen Behörden, zwangsverwiesen. Der Apostolische Administrator von Oppeln und spätere Kardinal von Breslau Dr. Kominek hat hierbei eine besonders unrühmliche Haltung an den Tag gelegt. Er entschied selbst, wer von den einheimischen Priestern der Erzdiözese Breslau in der Heimat verbleiben durfte. Wer sich nicht zu Polen bekennen konnte oder wollte, mußte nach seinem Entscheid die Heimat verlassen. Bis zum Jahre 1980 sind schließlich insgesamt 378 deutsche Priester aus Oberschlesien unter dem Zwang der unerquicklichen Verhältnisse „abgewandert".

Pater Leppich verläßt Gleiwitz

Trotz des Verbotes der deutschen Sprache wurde noch sehr viel Jugendarbeit geleistet. Aber Pater Leppich war nur noch auf Abruf da. Er hatte sich zwar einige polnische „Brocken" angeeignet, aber das reichte natürlich nicht, um weiterhin in Oberschlesien bleiben und seelsorglich wirken zu können. Wenn er auf der Straße von Polen angeredet wurde, sprach er englisch. Deshalb nannten wir ihn nur den „missionasz angielski" – den englischen Missionar. Schließlich entschloß er sich, im Juni

1945 Gleiwitz, das in Gliwice umbenannt worden war, zu verlassen und nach Breslau zu gehen, wo der polnische Druck
noch nicht so stark war. Nachdem die Festung Breslau am
9. Mai 1945 kapituliert hatte und von russischen Truppen
besetzt worden war, sind viele Bewohner der Stadt, die vor dem
Russeneinfall in die Grafschaft Glatz und in die schlesischen
Berge evakuiert worden waren, wieder heimgekehrt. Im Juli
1945 befanden sich noch etwa 350 000 Deutsche in Breslau. Die
Potsdamer Konferenz hatte noch nicht stattgefunden, und die
Polen waren sich noch nicht sicher, ob die Amerikaner und
Engländer mit der Übertragung der Verwaltung der ostdeutschen Gebiete an die Polen durch die Russen und mit der Aus-
weitung der polnischen Westgrenze bis zur Lausitzer Neiße
einverstanden sein würden. In Teheran und Jalta war nur von
drei Besatzungszonen die Rede. Die Übergabe der Verwaltung
der ostdeutschen Gebiete durch die Russen an die Polen war
eine klare Verletzung der Abmachungen von Teheran und Jalta.

Obwohl noch alles offen war, haben die Sowjets und die pol-
nische kommunistische Regierung doch versucht, auch in den
Gebieten westlich der Oder bis zur Lausitzer Neiße vollendete
Tatsachen zu schaffen.

Pater Leppich glaubte, in Breslau bessere Möglichkeiten zum
seelsorglichen Wirken finden zu können als in Gleiwitz. Wir im
Pfarrhaus, die Pfarrgemeinde und besonders die Jugend ver-
loren Pater Leppich sehr ungern. Der Tag des Abschieds war
gekommen. Nur einige ganz Vertraute geleiteten ihn zum
Bahnhof. Drei Jugendliche trugen sein Gepäck. In der Bahnhofshalle angekommen, löste ich die Fahrkarte. Niemand sollte
merken, vor allem nicht die allgegenwärtige Miliz, die in der
Bahnhofshalle und auf dem Bahnsteig auf und ab ging, daß ein
Deutscher ohne Kontrolle mit einem Zug wegfahren wollte.
Wir mußten auf dem Bahnsteig noch einige Minuten bis zur
Ankunft des Zuges warten. Wenn ein Milizmann vorbeikam,
schwiegen wir oder sprachen betont polnisch und scherzten

miteinander. Aber dann lief der Zug ein. In einem Abteil wurde ein Platz belegt, das Gepäck verstaut, dann noch einmal ein kräftiges Händeschütteln, und der Zug setzte sich in Bewegung. Traurig winkten wir unserem scheidenden Pater nach, denn ein guter Freund war von uns gegangen, der mit uns Freud und Leid in schwerster Zeit getragen hatte.

Nach dem Weggang von Pater Leppich waren Pfarrer Weinert und ich allein in dieser großen Gemeinde. Wir waren zwar an Arbeit gewöhnt, aber auf Dauer wären wir überfordert gewesen. Eines Tages tauchten zwei polnische Jesuitenpatres im Pfarrhaus auf. Sie waren aus Krakau gekommen und boten ihre Hilfe an. Es waren die Patres Juszczak und Kondziołka. Die Bereitschaft zu helfen war gut und für uns wie ein Geschenk des Himmels, aber was war die wirkliche Absicht der Patres? Eine Beauftragung für den Dienst in der Seelsorge konnte nur von dem rechtmäßigen Ordinarius kommen, aber weder der Kardinal Bertram, der sich damals auf Schloß Johannesberg bei Jauernig aufhielt, noch das Erzbischöfliche Generalvikariat in der Festung Breslau waren zu erreichen. Nach einiger Überlegung sagten wir uns, daß die beiden Patres Ordenspriester seien und der Pfarrer einer Pfarrgemeinde immer Ordensleute zur zeitweiligen Hilfe in der Seelsorge rufen könne; dies könnte nun auch hier geschehen, zunächst vorübergehend, bis sich die Verhältnisse geklärt haben würden. Eine offizielle Anstellung brauchte ja nicht zu erfolgen. Für die Vergütung wollte die Pfarrgemeinde aufkommen.

Mit diesen beiden Patres begannen für uns im Pfarrhaus gewisse Schwierigkeiten. Bisher konnten wir im Hause immer miteinander deutsch sprechen. Die Patres aber sprachen nicht deutsch oder – sagen wir es deutlicher – wollten nicht deutsch sprechen. Wir mußten nun bei Tisch und allen anderen Gelegenheiten, wenn sie anwesend waren, polnisch sprechen, was der alten Mutter von Pfarrer Weinert und erst recht den beiden Hausmädchen sehr schwer fiel. Es entstand dann manchmal eine brisante Atmosphäre, wenn wir dennoch ab und zu deutsch gesprochen haben. Während Pater Juszczak noch Verständnis für die Situation hatte, war dies bei Pater Kondziolka nicht der Fall. Er war ein fanatischer Pole. Ich merkte es ihm an, wie er sich ärgerte, wenn wir im Pfarrhaus, im Pfarrbüro oder in der Kirche mit den Leuten deutsch sprachen.

Der Tod von Kardinal Bertram

Als die Front immer näher rückte, verließ Kardinal Bertram auf Anraten des Domkapitels und seines Hausarztes am 21. Januar 1945 Breslau und begab sich mit seinem Kammerdiener und seiner Haushälterin auf die Reise nach Schloß Johannesberg bei Jauernig, zum Sommersitz der Breslauer Bischöfe im sudetendeutschen Anteil der Erzdiözese Breslau. Einige Tage später folgte ihm sein Sekretär Dr. Walter Münch nach. Diese Sommerresidenz der Fürstbischöfe von Breslau lag etwa acht Kilometer von Patschkau entfernt. Der Aufenthalt dort war für den Kardinal zunächst eine bedeutende Erleichterung, da die Unruhe der Frontnähe fortfiel. Es fehlte ihm aber in der Abgeschiedenheit und bedingt durch die Ereignisse der lebendige Kontakt mit seiner Diözese. Die Ruhe und Stille dauerten jedoch nicht lange, denn nachdem Neisse von russischen Truppen eingenommen war, rückte die Front in bedrohliche Nähe von Jauernig, das schließlich am 8. Mai 1945 von russischen Truppen besetzt wurde. Die verantwortlichen russischen Offiziere haben sich dabei gegenüber dem Kardinal und seiner Umgebung sehr entgegenkommend verhalten. Der Bericht von Dr. Walter Münch verdeutlicht das. Aber auch das ist Rußland! Die Offiziere stellten für das Schloß und seine Bewohner Schutzbriefe aus, die vor Plünderungen und Gewalttaten schützen sollten. Am 14. Juni aber räumten die Russen Jauernig. Am

Tage darauf wurde die Verwaltung des Ortes von den Tschechen übernommen. Nur mit großer Mühe gelang es dem bischöflichen Sekretär, eine sofortige Ausweisung des Kardinals aus Jauernig durch die tschechische Behörde zu verhindern. Schließlich erlaubten sie sein Verbleiben, weil sie nicht vor der Weltöffentlichkeit den Makel auf sich nehmen wollten, diesen hochgeachteten Kirchenfürsten und Kardinal durch eine Vertreibung in den Tod getrieben zu haben. So lautete die Entscheidung: „Der Kardinal gilt mit seinem Gefolge als exterritorial und darf bis auf weiteres in Jauernig bleiben." Dr. Münch schreibt: „Die seelischen Belastungen, die die erschütternden Nachrichten über die Zerstörung der Dominsel, der Stadt Breslau sowie großer Teile der Erzdiözese mit sich brachten, zehrten die letzten Kräfte des greisen Kirchenfürsten auf. Seine Gedanken beschäftigten sich immer wieder mit der Polonisierung des kirchlichen Lebens. Durch Diözesanpriester, die zu Fuß oder mit dem Fahrrad nach Jauernig kamen, ist er über alles unterrichtet worden. Immer wieder wollte er nach Breslau fahren, um sich selbst von allem zu überzeugen. ‚Ich muß meinem schlesischen Volk helfen', waren seine Worte. Er sollte jedoch seine Bischofstadt nicht mehr wiedersehen. Am 6. Juli 1945 erlitt er einen Gehirnschlag. Der bischöfliche Sekretär spendete ihm daraufhin die Krankensalbung, und während die Sterbegebete gesprochen wurden, ist er ruhig eingeschlafen."

Als wir zwei Tage später in Gleiwitz die Nachricht von seinem Tod erhielten, überlegten wir, ob wir zur Beerdigung fahren könnten, aber die Schwierigkeiten waren zu groß. So haben wir in der Gemeinde des verstorbenen Oberhirten im Gebet gedacht und ein feierliches Requiem gehalten. Damals bewegte uns ganz besonders die Frage, was nun aus der Diözese in dieser bedrohten Lage werden würde. Gerade jetzt wurde der Hirte so dringend gebraucht!

Aber zurück nach Jauernig. Der tote Kardinal wurde in der Schloßkapelle aufgebahrt, der Besuch für die Gläubigen freige-

Schloß Johannesberg, wohin sich Kardinal Bertram auf Anraten des Domkapitels zurückgezogen hatte, als die Bischofstadt Breslau zur Festung erklärt wurde. Dort ist er am 6. Juli 1945 gestorben. Er ruht auf dem Friedhof in Jauernig. Die Polen haben bisher die Überführung seiner Gebeine in seine Bischofstadt nicht gestattet.

geben. Schlicht und einfach waren Sarg und Kleidung des toten Kirchenfürsten, wie es seinem Leben entsprach. Die Beisetzung erfolgte am 11. Juli 1945 auf dem Friedhof in Jauernig. Am Begräbnis nahmen vom Domkapitel teil: Weihbischof Ferche, Dompropst Blaeschke und Prälat Dr. Negwer. Unter den Gästen waren aus den Nachbardiözesen anwesend: Weihbischof Dr. Zela aus Olmütz, Generalvikar Dr. Monse aus Glatz, Vertreter der russischen und tschechischen Armee sowie Vertreter der Finanzwache, der Gendarmerie und der Stadt- und Bezirksbehörde. Etwa achtzig Geistliche, ebensoviele Ordensleute aus der näheren Umgebung und zahlreiche Gläubige gaben dem Verstorbenen das Geleit.

Die Erzdiözese Breslau nach dem Tode von Kardinal Bertram

Nach dem Tode des Kardinals war die Erzdiözese Breslau keineswegs verwaist, denn schon zehn Tage nach seinem Tode traten am 17. Juli 1945 in Breslau im Ursulinenkloster die Mitglieder des Domkapitels zur Wahl des Kapitelsvikars zusammen. Kurz vor der Wahl wurde den Domkapitularen der Wunsch der Warschauer Regierung unterbreitet, einen polnischen Priester zum Kapitelsvikar zu wählen. Dieses Ansinnen lehnten die Domkapitulare ab, da hierfür keine Veranlassung bestand. Der größte Teil der Bevölkerung und auch der Priester waren damals Deutsche. In Breslau lebten zu dieser Zeit noch 350 000 und in ganz Schlesien drei Millionen Deutsche. Das Ansinnen der polnischen Regierung wurde vom Domkapitel als Zumutung empfunden.[*]

* Dr. Kaps, Tragödie Schlesiens 1945/46, Verlag Christ unterwegs, München 1952/53, S. 80 ff.

Zum Kapitelvikar wurde in Abwesenheit der Domdechant Prälat Dr. Ferdinand Piontek gewählt. Er traf einige Tage nach seiner Wahl von Görlitz kommend mit Dr. Franz Scholz in Breslau ein. Dr. Piontek schien dem Domkapitel für sein hohes Amt besonders geeignet, da er schon viele Aufgaben in der Verwaltung der Diözese innegehabt hatte. Ein Vorteil war auch, daß er als Oberschlesier gut polnisch sprach. Am 24. Juli 1945 trat er sein Amt an. Da seine Wohnung auf der Dominsel während der Festungszeit zerstört worden war, nahm er seinen Wohnsitz im Ursulinenkloster auf dem Ritterplatz. Fast die gesamte Kurie stand dem Kapitelvikar zur Mitarbeit zu Verfügung. In Breslau waren noch anwesend: Dompropst Blaeschke, acht Domkapitulare und Weihbischof Ferche. Die Kapitelssitzungen wurden regelmäßig abgehalten, und die Diözesanverwaltung wurde trotz der Behinderungen durch die damaligen Verhältnisse weitergeführt.

Eine Wende trat erst mit dem Abschluß der Potsdamer Konferenz ein, die in der Zeit vom 25. Juli bis 2. August stattgefunden hat. Auf dieser wichtigen Konferenz hatte sich Stalin in allem durchsetzen können. Es wurde damals das gesamte Gebiet östlich der Oder und der Lausitzer Neiße den Polen zur vorläufigen Verwaltung übertragen. Auch die Evakuierung der Deutschen aus Polen, die bisher völlig widerrechtlich und inhuman durchgeführt worden war, wurde nun mit „humanen Mitteln" beschlossen. Die Polen betrieben aber in Absprache mit den Russen weiterhin die Annexion der deutschen Ostgebiete.

Von diesem Zeitpunkt an begann die Vertreibung der Deutschen aus ihrer Heimat in großem Maßstab. Gleichzeitig trafen Transporte mit Polen aus den ehemaligen polnischen Ostgebieten, besonders aus dem Raum Lemberg, in Breslau und ganz Schlesien ein. Diese Menschen nahmen die Wohnungen, Häuser, Betriebe und Landwirtschaften, aus denen die Deutschen vertrieben wurden, in Besitz. Mit den polnischen Umsiedlern kamen auch ihre Priester, die in die Pfarrhäuser einzogen und die deutschen Pfarrer verdrängten. Eine zwielichtige Haltung hat damals der Primas von Polen, Kardinal Hlond, eingenommen. Konsistorialrat Dr. Kaps schreibt hierzu: „Am 12. 8. 1945 erschien der Erzbischof von Posen und Gnesen, August Kardinal Hlond, Primas von Polen, beim Kapitelsvikar Domdechant Prälat Dr. Piontek im Ursulinenkloster in Breslau."* Hlond, der während des Krieges von den Deutschen interniert worden war, hatte sich nach Kriegsende von Papst Pius XII. Vollmachten geben lassen, um in ganz Polen, wenn es die Umstände erforderten, für eine ordnungsgemäße Kirchenverwaltung zu sorgen. Diese Ermächtigung war nur für die Bereiche Polens gedacht, die keine ordentlichen Diözesanverwaltungen mehr besaßen.** Das Vatikanische Dokument trägt das Datum vom 8. Juli 1945. Es wurde Hlond am 9. Juli 1945, einen Tag vor seiner Abreise in die Heimat, ausgehändigt. Dieses Dekret zerfällt in zwei Teile! Im ersten Teil ist die Rede von den in der Kriegszeit den polnischen Diözesanbischöfen erteilten außerordentlichen Vollmachten, deren Geltung verlängert wird. Alle diesbezüglichen Eingaben an den Heiligen Stuhl sollten über den Primas weitergeleitet werden, der gehalten ist, das Staatssekretariat in Rom fernmündlich über Zahl und Art der erbetenen Vollmachten in Kenntnis zu setzen und nach Erhalt der Zustimmung die Reskripte auszustellen, wobei er sich an die Praxis der römischen Kurie halten sollte.

In seinem zweiten Teil handelt das römische Dekret von den außerordentlichen Vollmachten, mit denen Kardinal Hlond in seiner Eigenschaft als Primas von Polen ausgestattet wird. Er konnte von ihnen unter bestimmten Voraussetzungen Gebrauch machen. Von besonderer Wichtigkeit ist die Ziffer IV des Dekretes. Der Text lautet: „Gleichfalls ausgenommen bleibt

---

* Archiv für schles. Kirchengeschichte Bd. 39, 1981.
** Prof. Dr. Brzoska. Oberschlesisches Jahrbuch 1986, Laumann-Verlag Dülmen.

die Vollmacht, wahre und eigentliche Bischöfe zu ernennen. Für die vakanten Diözesen wird, falls es nicht möglich ist, sie einem Kapitelsvikar anzuvertrauen oder anvertrauen zu lassen, mit der Ernennung von Apostolischen Administratoren ad nutum sanctae sedis gesorgt werden. Sowohl den Kapitelsvikaren als auch den Apostolischen Administratoren können Vollmachten eines residierenden Bischofs übertragen werden. Diese dem Kardinal erteilte Vollmacht gilt ‚in tutto il territorio polaco'." Dieses Dekret ist also in italienischer Sprache geschrieben und heißt übersetzt: „für das ganze polnische Territorium".

Bei Kriegsende waren sieben polnische Diözesen vakant, und zwei von ihnen wurden von Apostolischen Administratoren geleitet. Kardinal Hlond war nur berechtigt, für fünf polnische Diözesen Kapitelsvikare oder Apostolische Administratoren einzusetzen. Die deutschen Diözesen östlich der Oder-Neiße-Linie hatten rechtmäßige Oberhirten. Dennoch zwang sie Kardinal Hlond, auf ihre Kirchenämter zu verzichten und die Jurisdiktion in die Hände des Papstes zu geben.

Kardinal Hlond erklärte am 12. August dem Kapitelsvikar Dr. Piontek, daß „er vom Papst weitreichende Vollmachten zur Ordnung der kirchlichen Verhältnisse in Polen erhalten hätte. Da es staatlichen polnischen Stellen unmöglich sei, weiter mit deutschen Behörden zu verhandeln, so sei es der Wunsch des Hl. Vaters, in diesen deutschen Gebieten Apostolische Administratoren polnischer Nationalität einzusetzen. Es sei ferner der Wunsch des Hl. Vaters, daß der Kapitelsvikar auf die Ausübung seiner Jurisdiktion in den von den Polen verwalteten Gebieten seiner Diözese verzichte, ohne daß seine Rechtsstellung als Kapitelsvikar der ganzen Diözese dadurch beeinträchtigt werden sollte. Eine schriftliche Aufforderung Pius XII. an den Kapitelsvikar legte er jedoch nicht vor. Vielmehr verlangte er von ihm die Unterschrift unter eine entsprechende Verzichtserklärung, die angeblich im Staatssekretariat am 8. Juli 1945, also zwei Tage nach dem Tode von Kardinal Bertram, ausgearbeitet worden sei. Die Eingriffe von Kardinal Hlond gingen über die ihm erteilten Vollmachten hinaus, die lediglich für die eigentlichen polnischen Gebiete galten: in tutto il territorio polaco".

Prof. Dr. Brzoska schreibt zu diesen Vorgängen: „Der Kapitelsvikar sah keine Möglichkeit, sich dem Ansinnen des polnischen Primas zu widersetzen. Abgeschnitten von der Vatikanischen Zentrale und eingeschlossen von polnischen Behörden in der besetzten Bischofsstadt Breslau leistete er nur widerwillig die Unterschrift unter die Verzichtserklärung, die folgenden Wortlaut hatte: ‚Da der Apostolische Stuhl wegen der veränderten öffentlichen und kirchlichen Verhältnisse in der Regierung der Erzdiözese Breslau gewisse Änderungen auf Zeit angeordnet hat, lege ich vom 1. Sept. 1945 die Iurisdiktion des Kapitelsvikars in den Gebieten der Erzdiözese Breslau, die der Verwaltung Polens vorläufig unterstellt sind, in die Hände des Papstes in dem Sinn zurück, daß mein Amt als Kapitelsvikar nach Billigung des Apostolischen Stuhles ruht. Breslau am 12.8. A.D. 1945."

Kardinal Hlond ernannte daraufhin drei polnische Priester zu Administratoren, und zwar für das Gebiet Niederschlesien des Erzbistums Breslau Dr. Karl Milik mit Sitz in Breslau, für Oberschlesien Dr. Boleslaw Kominek mit Sitz in Oppeln, für den östlich der Oder gelegenen, nach Norden sich erstreckenden Teil der Diözese Dr. Edmund Nowicki mit Sitz in Landsberg a.d. Warthe.

Von der Einsetzung dieser drei Administratoren erfuhr das Breslauer Domkapitel am 21. August durch einen polnischen Zeitungsbericht. Die Administratoren traten ihr Amt am 1. September 1945 an.

Dem damals noch in Breslau anwesenden Konsistorialrat Dr. Kaps gelang es, Schlesien im September 1945 zu verlassen und mit Hilfe des in Eichstätt lebenden Apostolischen Nuntius für

Deutschland Dr. Orsenigo nach Rom zu reisen, um Pius XII. über die Vorgänge in Breslau und die Lage im Erzbistum Breslau zu unterrichten. In der Audienz, die im Oktober stattfand, zeigte sich der Papst über den Verzicht des Kapitelsvikars Dr. Piontek und die Einsetzung der drei polnischen Administratoren überrascht. Pius XII. soll darüber sehr betroffen gewesen sein und gesagt haben: „Das haben wir nicht gewollt."*

Freilich konnte der Papst wegen der inzwischen fortgeschrittenen Entwicklung der politischen Verhältnisse an der kirchlichen Lage nichts mehr ändern. Aber es bleibt für die Geschichte festzuhalten, daß Kardinal Hlond seine Kompetenzen überschritten und nicht im Sinne des Hl. Vaters gehandelt hat. Kapitelsvikar Dr. Piontek blieb noch bis Juli 1946 in Breslau. Er spürte, daß sein Wirkungsfeld nur noch sehr beschränkt war. So zog er die Konsequenzen und siedelte nach Görlitz über, um von dort den westlichen Teil der Erzdiözese als Kapitelsvikar zu verwalten.

Der polnische Klerus

Wir hatten nach der großen Bedrängnis der ersten Wochen durch die Russen gehofft, daß alles anders und besser würde, wenn die Polen die Russen als Besatzungsmacht ablösten, denn sie seien ja katholisch und würden sich als solche christlich verhalten. Viele haben sogar die Stunde ersehnt, in der die russischen Truppen verschwinden. Aber wie wurden wir enttäuscht! Oft mußten hernach russische Soldaten, die noch vereinzelt da waren, um Hilfe gegen polnische Plünderer und Peiniger gerufen werden. Sicher waren die ersten Polen, die zu uns kamen, nicht die Elite des Landes. Sie kamen, um sich zu bereichern, stahlen, was sie konnten, und schafften es fort. Wir

---

* Dr. Kaps, Rombericht im Archiv für schles. Kirchengeschichte Bd. 39, 1981.

nannten sie nur: „Schabrowniki". Ihr Slogan war: „Alles gehört uns." Die Deutschen waren auf einmal recht- und schutzlos. Besonders schmerzvoll war es, daß selbst ein großer Teil des Klerus so argumentierte: „Alles ist unser."

In Polen laufen in der nationalen Frage die Uhren anders. Daran mußte ich denken, als ich das an Chauvinismus grenzende Verhalten des polnischen Klerus erlebte. Von einer moralischen Bewertung des Verhaltens vieler polnischer Priester beim Vertreiben deutscher Pfarrer aus ihren Pfarrhäusern und der Aneignung deren Eigentums möchte ich hier absehen. Auch der Hohe Klerus Polens hat kein gutes Vorbild gegeben. Ich möchte hier nur hinweisen auf das ungesetzliche und anmaßende Verhalten vom Bischof von Kattowitz Stanislaus Adamski, der mit der Diözese Breslau gar nichts zu tun hatte und nach Breslau gekommen war mit den Worten: „Hier sind wir, hier waren wir, hier werden wir bleiben." Ich möchte hinweisen auf das Verhalten des Administrators Dr. Kominek von Oppeln, der verantwortlich ist für die Vertreibung vieler deutscher Priester aus ihrer Heimat und der auch den schwerkranken, greisen und nicht reisefähigen Bischof Nathan aus Branitz, den Erbauer der bekannten Heil- und Pflegeanstalten von Branitz, rücksichtslos durch den polnischen Landrat im Behördenwagen nach Troppau bringen ließ, wo er am 30. Januar 1947 starb. Ich möchte hinweisen auf das ungesetzliche Verhalten von Administrator Dr. Milik, Breslau. Hierzu schrieb Msgr. Günter: „Noch heute sehe ich den Administrator von Breslau Dr. Milik in unserem Glatzer Pfarrhaus, von Breslau kommend, um Prälat Dr. Monse, den Generalvikar der Grafschaft Glatz der Erzdiözese Prag, seiner Vollmacht zu entheben und die Grafschaft Glatz als Teil der Prager Diözese der Breslauer Diözese einzuverleiben. Das war gegen das kanonische Recht, denn im Codex des kirchlichen Rechtsbuches, Kanon 255 heißt es: Die Kongregation für außerordentliche kirchliche Angelegenheiten hat die Aufgabe, Diözesen zu errichten, zu teilen und

mit geeigneten Männern zu besetzen. Veränderungen von Diö-
zesen können also nur im Einvernehmen mit Rom geschehen."
Der Administrator von Breslau, Dr. Milik, ist auch verantwortlich für die Vertreibung von Weihbischof Ferche. Weihbischof Ferche war in der Festung Breslau mit 35 katholischen
Priestern geblieben und ist durch sein mutiges Auftreten für die
Bevölkerung beim Festungskommandanten und nach der
Kapitulation beim russischen Kommandanten hervorgetreten.
Er hat nach der Kapitulation das schlesische Volk auf seinen Fir-
mungsreisen getröstet und ermutigt. Als er sich im September
1946 wieder auf eine Firmreise nach Brandenburg, Liebenthal
und Greiffenberg begeben wollte, wurde er binnen 24 Stunden
aus Breslau ausgewiesen und mußte in einem Viehtransportwa-
gen die Heimat verlassen. Nach einer Fahrt von zwei Tagen und
drei Nächten kam er in das Umsiedlungslager Brandenburg
a. d. Havel. Er ist ein Jahr später, am 27. März 1947, von Kardinal Frings zum Weihbischof von Köln berufen worden. Seine
Vertreibung aus der Heimat hätte nicht ohne Betreiben von
Kardinal Hlond und des Administrators Dr. Milik erfolgen
können. Dem Bischof von Ermland Maximilian Kaller ist es
nicht anders ergangen.

Schließlich möchte ich noch einmal hinweisen auf das Verhalten von Kardinal Hlond, dem damaligen Primas von Polen,
der unter Angabe, aber nicht erteilter päpstlicher Vollmachten
den Kapitelsvikar Dr. Piontek zum Rücktritt von seinem Amt
gezwungen hat.

Der Hohe Klerus hat die Vertreibung der Deutschen bewußt
mitgemacht, ja als einen Akt göttlicher Gerechtigkeit hin-
gestellt. Das ist kein Ruhmesblatt in der Geschichte Polens,
auch nicht in seiner Kirchengeschichte.

Der Bekennerbischof Dr. Splett

Am schlimmsten ist es dem Bischof von Danzig und Administrator der verwaisten Diözese Kulm, Dr. Splett, ergangen. Er wurde am 9. August 1945 von der Miliz verhaftet und in das Danziger Gerichtsgefängnis eingeliefert. In einem politischen Schauprozeß, der vom 27. Januar bis 2. Februar 1946 dauerte, wurde er ungerechtfertigt zu acht Jahren Zuchthaus verurteilt. Selbst eine Denkschrift des polnischen Bischofs von Kattowitz Stanislaus Adamski, die er in Form eines Gutachtens dem Sondergericht freiwillig vorgelegt hatte, um die Unschuld von Dr. Splett zu beweisen, hat nichts genützt. Dieses Gutachten wurde nicht einmal zu den Akten genommen. Damals bestand ein frostiges Verhältnis zwischen der polnischen kommunistischen Regierung und der katholischen Kirche Polens. Man wollte mit dem Prozeß eigentlich nur ein Beispiel statuieren und zeigen, wer die Macht im Staate hat.

Bischof Splett mußte seine Strafe im Zuchthaus Wronki bei Posen verbüßen, in einsamer Einzelhaft, ohne jede Möglichkeit einer Lektüre oder einer Beschäftigung mit geistigen Dingen. Er hat im Laufe der Jahre all die Schrecknisse durchgestanden, die aus kommunistischen Zuchthäusern bekanntgeworden sind. Bischof Splett hat nie öffentlich über diese Dinge gesprochen. Als er aus dem Zuchthaus entlassen wurde, verschleppte ihn die kommunistische Staatspolizei in ein Dominikanerkloster nach Borek Stary und ab Dezember 1953 in ein Franziskanerkloster nach Dukla in den Beskiden, wo er in größter Einsamkeit unter ständiger Bewachung von Geheimpolizei einem völlig ungewissen Schicksal gegenüberstand. Als im Jahre 1956 unter Ministerpräsident Gomulka das politische Tauwetter in Polen einsetzte, forderte Kardinal Wyszinski die Freilassung aller Bischöfe. Damit wurde auch Bischof Splett frei. Er durfte aber sein Bistum Danzig nicht mehr betreten und wurde aus Polen ausgewiesen.

In der Freiheit im Westen angekommen, besuchte er Papst Pius XII., der ihn bei seiner ersten Audienz brüderlich umarmte und ihn einen Bekennerbischof nannte. Der Papst gab ihm den Auftrag, sich in väterlicher Liebe um seine heimatvertriebenen Diözesanen zu kümmern, was er dann auch unermüdlich und in Treue bis zu seinem plötzlichen Tod am 4./5. März 1964 getan hat.

Eine Reise nach Waldenburg und Oberschreiberhau

Wie in Gleiwitz war auch in den anderen Großstädten Oberschlesiens, in Beuthen und Hindenburg, die Lage für die Deutschen immer schwieriger geworden. Pfarrer Weinert hatte in Beuthen eine Kusine, Irmgard Heilborn, die kein Wort Polnisch verstand. Als es für sie immer brenzliger wurde, hatte sie bei uns im Pfarrhaus Zuflucht gesucht. Ihr Aufenthalt im Pfarrhaus konnte natürlich nicht von Dauer sein. So bat mich Pfarrer Weinert, seine Kusine zu Verwandten nach Waldenburg zu bringen.

Gerade in diesen Tagen warnte mich ein befreundeter Pole, für einige Zeit zu verschwinden, da bis Ende Juli Razzien durchgeführt würden, um alle Deutschen ins Lager zu holen und auszuweisen. Bis zum 1. August sollten nämlich alle Deutschen aus dem Industriegebiet verschwunden sein. Pfarrer Weinert war einverstanden, daß ich für drei bis vier Wochen Urlaub machte und dadurch aus der Gefahrenzone herauskam. Ich beschloß, nach Oberschreiberhau zu fahren und dabei die Kusine vom Pfarrer nach Waldenburg mitzunehmen.

Noch am selben Abend traf ich Frau Gertrud Borghoff von der Randsiedlung, die zu meinem Seelsorgsbezirk gehörte. Als sie hörte, was ich vorhatte, bat sie mich, sie mitzunehmen. Sie wollte in Hirschberg Erkundigungen einziehen, wie sie am besten in den Westen kommen könnte, denn die Angehörigen ihres Mannes wohnten in Siddinghausen bei Paderborn. Sie wollte sich nun in den Westen absetzen. Ich war einverstanden.

Zur festgesetzten Zeit begaben wir uns zum Bahnhof, um über Breslau, Waldenburg, Hirschberg nach Oberschreiberhau zu reisen. Als der Zug eintraf, waren alle Abteile schon besetzt, und auch die Gänge im Zug waren voll von Reisenden mit ihren Koffern, Kisten und Kästen. Wir bekamen nur einen Stehplatz. Bei der Abfahrt des Zuges sah ich, wie alle, die im Gange standen, das Kreuzzeichen machten, was mich tief berührt hat. Fräulein Heilborn wurde von uns ermahnt, kein Wort zu reden. Wir wollten sie als stumm ausgeben. Die Polen haben ja vor Jahrhunderten, als die Deutschen ins Land kamen, diese als „niemcy" – als Stumme – bezeichnet, weil sie damals in Unkenntnis der polnischen Sprache nicht viel redeten.

In Breslau angekommen, machten wir zunächst einen Besuch bei Pater Leppich. Die Wiedersehensfreude war groß. Wir erzählten, was wir nach seiner Abreise von Gleiwitz alles erlebt hatten, und er berichtete von seiner Arbeit an St. Michael. Er hatte dort bald eine große Schar Jugendlicher um sich gesammelt. Wir hörten, daß auch in Breslau die Lage für die dort wohnenden Deutschen immer bedrohlicher wurde. Sie waren zahlreichen Schikanen ausgesetzt und wurden als Nazis beschimpft. Ständig wurden ihnen die Verbrechen der Nazis vorgehalten. Dabei wurden alle Deutschen für schuldig erklärt, auch die, die in der Hitlerzeit schwere Bedrängnis erfahren hatten. Und doch hatten gerade die Christen das Ende der Hitlerdiktatur herbeigesehnt. Nun diffamierte man alle Deutschen als Nazis. Die Schuld einzelner wurde auf das ganze Volk übertragen. So mußten nun alle leiden, ob schuldig oder unschuldig. Um kenntlich zu sein, wurden die Deutschen gezwungen, eine weiße Armbinde zu tragen; und wehe, wenn einer diese einmal nicht angelegt hat! Pater Leppich sagte mir noch, daß er, wenn es notwendig werden sollte, einen Transport mit Jugendlichen und ihren Familien zusammenstellen und mit ihnen gemeinsam in den Westen ausreisen wolle.

Am nächsten Tage verabschiedeten wir uns und fuhren zum Freiburger Bahnhof. Der Bahnsteig war voller Reisender. Der Zug stand schon da, aber es war nicht möglich, in irgendein Abteil hineinzukommen. Dicht gedrängt standen die Menschen auf den Plattformen der Wagen, auch die Trittbretter waren besetzt, und selbst zwischen den Puffern der Wagen standen sie mit Gepäckstücken. An ein Hineinkommen in ein Abteil war unter diesen Umständen nicht zu denken. Ich bat meine Begleiterinnen, einen Augenblick zu warten, und ging allein den ganzen Zug entlang, um eine eventuelle Möglichkeit, doch noch mitfahren zu können, zu erkunden. Aber es bot sich keine, wenigstens keine normale. Fast am Ende des Zuges war ein Wagen für Militärpersonal. Auch da waren die Plattformen und Trittbretter zu beiden Seiten schon besetzt.

Als ich die Lage traurig musterte, redete mich ein Offizier, der aus einem Abteilfenster schaute, an: „Ksądsz, dokąd?" – „Pfarrer, wohin?" Ich sagte, daß ich dringend nach Waldenburg müßte, aber daß es ja unmöglich sei, in diesen so voll besetzten Zug noch hineinzukommen. Er besprach sich daraufhin mit drei Kameraden seines Abteils. Sie nickten. Dann sagte mir der Offizier, daß ich in ihrem Abteil mitfahren könnte. Ich machte ihn darauf aufmerksam, daß ich noch zwei Frauen in meiner Begleitung hätte. Nach einer weiteren Rücksprache mit den Kameraden kam die Antwort: „Der Pfarrer mit seinen beiden Frauen darf mitfahren." Ich holte sofort „meine beiden Frauen". Jetzt bestand noch das Problem, in den Zug hineinzukommen. Der Einstieg ins Abteil erfolgte schließlich durch das Fenster.

Wir nahmen dann Platz, machten es uns bequem und kamen mit den Soldaten ins Gespräch. Sie fragten uns, woher wir kämen und wohin wir wollten. Ich erzählte ihnen, daß wir aus

Gleiwitz seien. Ich müßte die Dame neben mir, die stumm sei, zu Verwandten nach Waldenburg bringen. Frau Borghoff, die gut Polnisch sprach, hat sich dann weiter mit den Soldaten unterhalten, während ich mein Brevier – priesterliches Gebetbuch – betete. So verging die Zeit schnell. Ehe wir uns versahen, lief der Zug in Königszelt ein, wo ein Aufenthalt von zehn Minuten vorgesehen war. Da betrat auf einmal ein Milizmann das Abteil zur Personalkontrolle. Er fragte gleich, was wir in diesem Abteil, das fürs Militär bestimmt sei, zu suchen hätten – ob wir nicht lesen könnten! Ich erklärte, daß wir natürlich lesen könnten, daß wir aber in Breslau keinen Platz bekommen hätten und die Soldaten so freundlich gewesen wären, uns in ihrem Abteil mitzunehmen, was diese bestätigten. Nun wollte der Milizmann unsere Ausweise sehen. Es waren Ausweise, die wir im Pfarramt selbst ausgestellt hatten und die wie amtliche Ausweise aussahen, mit Photo, Angabe der Personalien, Stempel des Pfarramtes und der Unterschrift des Pfarrers. Der Milizmann fing zu lachen an. Jetzt durfte ich auf keinen Fall weich werden! Mit aller Seelenruhe fragte ich ihn, was es da zu lachen gäbe. Die polnische Verwaltung in Gleiwitz sei noch nicht soweit, daß sie für Oberschlesier Ausweise ausstelle. Darum hätten die Pfarrämter solche vorläufigen Ausweise geschaffen. Es kam noch zu einem Wortwechsel zwischen den Soldaten und dem Milizmann. Mir wurde dabei ganz heiß. Die schwierige Situation löste sich aber gut auf, denn ein anderer Milizmann kam ins Abteil, flüsterte seinem Kollegen etwas ins Ohr, und beide verschwanden.

Der Zug setzte sich dann wieder in Bewegung. Erleichtert atmeten wir auf. In Waldenburg, das in Wałbrzych umbenannt worden war, verabschiedeten wir uns von den Soldaten, bedankten uns für ihre Liebenswürdigkeit und wünschten weiterhin eine gute Reise.

Fräulein Heilborn haben wir zu ihrer Tante gebracht. Wir blieben nicht lange dort, denn ich wollte (in Waldenburg) noch einen Besuch bei Herrn Kirchenjahwe machen, den ich drei Jahre zuvor in Bad Reinerz kennengelernt hatte. Ich hatte ihm damals versprochen, daß ich ihn einmal besuchen würde, wenn ich nach Waldenburg käme. Nun war ich da. Herr Kirchenjahwe hatte eine Fabrik, in der der berühmte Kräuterlikör „Kirchwin" hergestellt wurde. Er staunte, als er mich auf einmal sah – und unter solchen Umständen. Jedenfalls hat er sich sehr gefreut. Bei einer Tasse Tee tauschten wir unsere Erlebnisse unter der Polenherrschaft aus und besprachen die Situation. Herr Kirchenjahwe glaubte nicht, daß diese Gebiete bei Polen bleiben würden, und wollte die Front halten, solange es nur geht. Auf alle Fälle aber war sein Prokurist bereits in die britische Zone gereist und hatte alle wichtigen Unterlagen und Patente mitgenommen, um, falls erforderlich, im Westen neu anfangen zu können. Zur Verabschiedung bekam ich eine kleine Flasche des edlen „Kirchwin" mit auf den Weg. Wie ich später hörte, ist Herr Kirchenjahwe bald von den Polen ausgewiesen worden und hat im Westen einen neuen Betrieb aufgemacht.

Von Waldenburg fuhr ich mit Frau Borghoff noch am selben Tag nach Hirschberg weiter, wo wir gegen Abend eintrafen. Der erste Weg führte zum Pfarrhaus. Erzpriester Schinke nahm uns liebevoll auf, lud uns zum Abendbrot ein und beschaffte uns ein gutes Nachtquartier bei den Klosterschwestern. Wir saßen an diesem Abend noch lange zusammen. Erzpriester Schinke beklagte sich über die mangelnde christliche Haltung vieler Polen und auch des polnischen Klerus, was ich nur bestätigen konnte. Vom katholischen Polen hatten wir alle etwas anderes erwartet. Wir waren uns aber auch einig, daß wir dies nicht verallgemeinern dürften, denn es gab unter den Polen auch viele, die den Deutschen, die bei ihnen arbeiteten, manches Stück Brot, Butter, Fleisch und Milch für die Kinder zugesteckt haben. Sie haben sich für sie eingesetzt und sie vor Übergriffen geschützt. Es waren nicht alle mit der Vertreibung einverstanden, und sie haben sogar Deutsche zu ihren Familienfeiern eingeladen. Manche „Matka" und mancher „Pan" hätte die Deutschen als Hilfskräfte gern behalten. Es entstanden sogar Freundschaften. Wie froh waren die Deutschen über diese Zeugnisse der Menschlichkeit. Wir dürfen diese Polen nicht vergessen. Schon damals haben sie, ohne die kommende Entwicklung vorauszusehen, die Grundlage zur Versöhnung geschaffen.

Am nächsten Tage fuhren wir nach der hl. Messe und einem guten Frühstück, das die Schwestern uns serviert hatten, mit der Kleinbahn weiter hinauf nach Oberschreiberhau. Ich hatte erfahren, daß dort noch ein Kloster mit deutschen Schwestern war, wo wir gut unterkommen könnten. Die Schwestern waren sehr froh darüber, daß wir bei ihnen einige Tage bleiben wollten. Sie hatten genügend Räume zur Verfügung. In der Hauskapelle konnte ich täglich die hl. Messe feiern. Wir haben uns auch auf dem Milizamt angemeldet. Aber dort hatte man an unseren Ausweisen nichts auszusetzen.

Nach der Aufregung der vergangenen Wochen und Monate tat die ruhige Zeit, die mit Bergwanderungen, Spaziergängen und ausgiebigem Schlaf ausgefüllt wurde, recht gut. Freilich drängte sich auch immer wieder der Gedanke und die Frage auf, was sich wohl inzwischen ereignet haben mochte. Nach drei Wochen traten wir unsere Heimreise an. Wir beschlossen, diese nicht mit dem Zug über Breslau, sondern mit einem LKW zu machen. Ich hatte nämlich in Erfahrung gebracht, daß von Hirschberg dreimal wöchentlich ein Privat-LKW über Neisse, Gleiwitz und Hindenburg nach Kattowitz fuhr, der gegen Złotys auch Reisende mitnahm. So fuhren wir zunächst nach Hirschberg. Dort legten wir einen Tag Pause ein, damit Frau Borghoff Erkundigungen wegen ihrer geplanten Ausreise in den Westen anstellen konnte. Sie erfuhr, daß die Möglichkeit bestand, über Görlitz in die russisch besetzte Zone zu kommen, und daß die Polen froh über jeden Deutschen waren, der die

Ausreise beantragte. Inzwischen hatte ich mit dem Fahrer eines LKW verhandelt. Wir wurden über den Preis rasch einig. Zur festgesetzten Zeit fanden wir uns ein und nahmen auf den provisorisch aufgestellten Holzbänken Platz. Es fuhren noch fünf andere Personen mit. Gegen Wind und Regen waren wir durch eine große Plane, wie sie bei Militärfahrzeugen üblich ist, geschützt. Die erste Etappe ging nur bis Neisse, wo in einem Hotel übernachtet wurde. Der nächste Tag war ein Sonntag, so daß wir erst an der hl. Messe in der Pfarrkirche teilnahmen. Nach dem Frühstück ging es wieder weiter. Um vierzehn Uhr trafen wir auf dem Bahnhofsplatz von Gleiwitz ein.

Als ich mit Frau Borghoff den Weg durch die Unterführung zur Toster Straße und auf dieser entlang zur Bernhardstraße ging, hielt ich Ausschau, ob irgendein Bekannter vorbeikäme, der mir sagen könnte, was alles in den letzten Wochen in der Gemeinde geschehen war. Aber die Straße war wie ausgestorben. Beim Pfarrhaus angekommen, verabschiedete sich Frau Borghoff und ging weiter zur Randsiedlung.

Ich hatte Herzklopfen, als ich die Klingel an der Haustür bediente. Fräulein Ella Scholz öffnete. Sie war erstaunt, daß ich schon da war. Man hatte mit meinem Kommen erst in der darauffolgenden Woche gerechnet. Pfarrer Weinert und seine Mutter saßen im Eßzimmer. Ich ging gleich zu ihnen, berichtete von unserer Reise und daß die Kusine gut in Waldenburg angekommen sei. Pfarrer Weinert erzählte, daß in den vergangenen Wochen viele Deutsche aus ihren Wohnungen abgeholt und in ein Lager gebracht worden waren. Niemand hat erfahren, wohin! Viele machten sich Sorgen um sie, denn in manchen Lagern herrschten schreckliche Verhältnisse. Unter den Abgeholten befand sich auch Professor Sittko, der als Pensionär jahrelang bei uns ausgeholfen hatte. Er besaß in einer Neubausiedlung im Westen der Stadt ein kleines Häuschen. Täglich war er mit der Straßenbahn und dem Bus zu uns nach Petersdorf gekommen und hatte eine heilige Messe übernommen. Auch

der achtzigjährige Priester und seine Haushälterin waren abgeholt und fortgeschafft worden.

Nun war ich da. Pater Kondziołka mußte schlucken, als er
mich sah. Er hatte geglaubt, daß ich für immer abgereist wäre.
Aber soweit war es noch nicht!

Der Apostolische Administrator Dr. Kominek
in Gleiwitz

Nachdem Dr. Kominek am 1. September 1945 mit der Leitung
der Kirche in Oberschlesien beauftragt worden war, begann er
unverzüglich, die „Apostolische Administratur Oppeln" nach
Art eines kanonischen Bistums zu organisieren. Prof. Dr.
Brzoska schreibt dazu: „Er schuf eine Kurie, berief elf Priester
in den Diözesanrat, schuf das Geistliche Gericht 1. Instanz,
einen Diözesancaritasverband, bestellte kirchliche Bücherzen-
soren, ernannte Visitatoren für den Religionsunterricht, schuf
eine kirchliche Druckerei, eine Bibliothek und einen Emeriten-
fonds." Beim Amtsantritt Komineks waren von 665 oberschlesischen Priestern noch 415 in ihrer Heimat und in ihren Pfarrgemeinden geblieben. Inzwischen waren einige polnische
Geistliche in verwaiste Gemeinden gekommen.

Nach seinem Amtsantritt nahm Dr. Kominek bald Kontakt
mit den Priestern in den einzelnen Dekanaten auf. So erschien
er auch in Gleiwitz. Es waren noch alle deutschen Pfarrer da.
Nur einige polnische Geistliche waren bisher eingesickert.
Woher sie gekommen waren, und wer sie geschickt hat, ist mir
nicht bekannt.

Nach der allgemeinen Begrüßung durch den Erzpriester
Sobek hielt der Apostolische Administrator seine Einführungs-
rede. Er dankte Gott, daß Oberschlesien und ganz Schlesien

wieder mit dem Mutterland Polen vereinigt sei. Eine neue Epoche in der Geschichte Polens habe begonnen. In Zukunft sei im neuen Polen für die deutsche Sprache und Kultur kein Platz mehr. „Wir wollen mit den Deutschen nichts mehr zu tun haben. Von jetzt an darf darum in der Kirche nur polnisch gesprochen werden." Alles schwieg. Wir waren innerlich zutiefst getroffen. Wir hatten eine religiöse Ansprache erwartet, die uns und die Gläubigen hätte aufmuntern können. Statt dessen wurde eine nationalistische Rede gehalten. Dann meldete ich mich zu Wort und sagte: „Herr Administrator, die Situation in der Stadt Gleiwitz und Umgebung ist so, daß fast die ganze Bevölkerung dageblieben ist. Nur wenige konnten vor dem russischen Einmarsch fliehen, da dieser zu schnell kam. Der größte Teil der Bevölkerung versteht kein Wort Polnisch. In der schweren seelischen und auch leiblichen Not können wir doch unsere Gläubigen nicht allein lassen. Gerade jetzt brauchen sie unseren Trost. Deshalb ist die deutsche Sprache in der Kirche notwendig." Er antwortete: „Das Verbot der deutschen Sprache ist eine Anordnung des Staates. Wir sind daran gebunden. Das gehört zur Staatsraison." Ich stellte dann noch die Frage: „Herr Administrator, betrifft Ihre Anordnung auch die Beichtpraxis?" Seine Antwort: „Ja, auch im Beichtstuhl darf in Zukunft nicht mehr deutsch gesprochen werden." Der Schwarze Peter war auf die provisorische polnische Regierung abgewälzt. In Wirklichkeit entsprach dies ganz seiner Einstellung und der Einstellung fast aller polnischen Priester. Damit war die Diskussion beendet. Nun, ich habe mit den Kindern, der Jugend und unseren deutschen Leuten weiter deutsch gesprochen, erst recht im Beichtstuhl, was mir mein Gewissen gebot.

Die Polen und die Juden

Ein Gespräch mit einigen Polen über den Nationalsozialismus und die Juden gibt mir Veranlassung, einige Gedanken über das Verhältnis zwischen Juden und Polen aufzuschreiben.

Nach dem Ersten Weltkrieg ist Polen als freier Staat wiedererstanden. Schon von Anfang an hatte das neue Polen eine Aversion gegen die Juden gezeigt. Die antisemitische Einstellung tat sich kund im wirtschaftlichen Boykott, dem Ausschluß von Juden aus dem kulturellen Leben und dem Numerus clausus in den qualifizierten Berufen. Kein Jude konnte Offizier werden. „Żyd śmierdziące – stinkender Jude" war ein beliebter Ausdruck. Träger des Antisemitismus in Polen waren die höheren Schüler, Studenten, Akademiker und das Militär. Von Zeit zu Zeit tobten sich die wildesten Instinkte aus, dabei wurden jüdische Marktbuden zerstört und kleine Geschäfte geplündert. Die staatlichen Sicherheitsbehörden haben sich dabei nie eingeschaltet.

Der jüdische polnische Geschichtsschreiber Ringelbaum schrieb darüber in seinem Tagebuch: „Das Land befand sich in einem Zustand fortwährender Unruhe, verwandelte Polen in ein Mexiko, in ein Land, in dem Macht- und Rechtlosigkeit herrschten." Die Wirtschaftskrise war die Ursache, daß es viele Juden angesichts der gegen sie gerichteten Drangsale vorzogen, das Land zu verlassen und sich vor allem im benachbarten Deutschland und Österreich niederzulassen. Die polnischen Juden stellten im Deutschen Reich der Weimarer Zeit hinter den Volksdeutschen die größte Einwanderungsgruppe dar. Beide Volksgruppen, die deutsche und die jüdische, hatten in Polen in gleicher Weise unter der nationalistischen Wirtschaftspolitik Warschaus zu leiden und mußten als letzten Ausweg vor dem wirtschaftlichen Ruin in den Jahren 1919–1931 die Emigration wählen. An manchen polnischen Universitäten gab es getrennte Hörsäle für jüdische und für „arische" Studenten. Gegen jüdische Professoren wurden bisweilen Vorlesungsstreiks organisiert, auch solche zur Einführung eines Numerus clausus für Juden. Die Ursache für die Aversion der Polen gegen die Juden mag verschiedene Wurzeln haben. Sicher liegt es auch daran, daß die Juden in preußischer Zeit sich stets auf die deutsche Seite gestellt und in den politischen Gremien mit den Deutschen gestimmt hatten.

Die Juden waren den Polen in vielem überlegen. Sie waren geschäftstüchtiger, fleißiger, strebsamer, klüger, auch akademisch gebildeter. Das mußte den Neid erwecken. Vielleicht ist dies der eigentliche Grund.

Man hat anfänglich geglaubt, daß mit dem Untergang des Nationalsozialismus der Antisemitismus für immer aus Europa und der Welt verschwinden würde. Aber dem ist nicht so. Dies erfuhr ich aus einem Gespräch, das ich im August 1945 mit einigen Polen über den Nationalsozialismus und die Juden geführt habe. Da sagte einer: „Die Nazis haben viele Verbrechen begangen, aber eines war richtig, daß sie die Juden vergast haben. Nur einen Fehler haben sie begangen, sie sollten alle Juden umbringen." Diese Worte haben mich innerlich tief getroffen. Ich war tiefst erschüttert, daß es nach dem Holocaust von Auschwitz noch Menschen gab, die so etwas sagen konnten. Auch Pater Lucius Teichmann bestätigt in seinem Werk „Steinchen aus dem Strom", Wienand Verlag Köln, 1984, solche unglaublichen Ansichten. Keiner der Anwesenden hat dagegen protestiert.

Daß dies nicht etwa eine Ausnahme, sondern eine landläufige Auffassung war, wurde mir später noch des öfteren bestätigt. Von verschiedener Seite und aus verschiedenen Gegenden Polens wurden solche Ansichten zum Ausdruck gebracht. Makaber ist freilich, daß die Polen die drei Millionen jüdischer Opfer von Auschwitz und den anderen Konzentrationslagern als polnische Opfer bezeichnen. Wenn sie auch die polnische Staatsangehörigkeit besaßen, so waren sie doch „ungeliebte

Kinder Polens", die man am liebsten davongejagt hätte, wie man nach dem zweiten Weltkrieg die zwei Millionen Deutschen, die seit 1921 die polnische Staatsangehörigkeit besaßen, enteignet und vertrieben hat. Man war sehr froh darüber, daß Polen durch die Nazis von den Juden befreit worden ist. Etwas anderes zu sagen, wäre Heuchelei. So hat der polnische Staat auch das Eigentum der von den NS-Schergen in den Konzentrationslagern ermordeten Juden eingezogen. Die am Ende des Krieges nach langen Leiden heimgekehrten Juden wurden in ihren Dörfern und Städten vielfach feindselig empfangen, so daß schon 1946 etwa 150 000 von ihnen fluchtartig das Land verlassen haben. Ehrlicherweise dürften die drei Millionen umgebrachten polnischen Juden nicht auf das Konto „Polnische Opfer des Naziregimes" gebucht werden.

Im übrigen ist es höchste Zeit, daß sich die Historiker mit der Phantasiezahl von sechs Millionen polnischen Naziopfern befassen. Diese Zahl ist im Jahre 1947 durch die polnische kommunistische Regierung genannt und dann ungeprüft von vielen Stellen, selbst vom Papst übernommen worden. Wenn auch jedes Opfer ein Opfer zu viel ist, so muß doch auch hier endlich die Wahrheit ans Licht kommen. Dr. Alfred Schickel schreibt in einer Veröffentlichung – Beiträge zur Zeitgeschichte –, „daß die Historie die Verpflichtung hat, neben dem Respekt vor der moralischen Würdigung begangener Unrechtstaten, auch dem Anspruch auf weitgehende Wahrheitsfindung zu genügen". Heinz Nawratil meint in seinem Buch „Vertreibungsverbrechen an Deutschen": „Es besteht keine Veranlassung, der kommunistischen Propaganda einen größeren Vertrauenszuschuß zu geben als der nationalsozialistischen." An anderer Stelle: „Wohl die gründlichsten wissenschaftlichen Analysen des Problems stammen von Albin Eissner und Alfred Schickel. Sie errechnen unter Berücksichtigung amerikanischer Forschungsergebnisse rund 570 000 Menschen polnischer Abstammung, die entweder 1939 im Krieg und später bei Partisanenkämpfen gegen deutsche Truppen gefallen oder durch die Nazis ermordet worden sind. Alle anderen polnischen Opfer in der Zeit von 1939 bis 1947 gehen auf das Konto der Beteiligung polnischer Soldaten am Krieg in westlichen Armeen und vor allem auf das Konto Stalins, der aus den Gebieten Polens östlich der Curzon-Linie nach der Besetzung dieser Gebiete auf Grund des Hitler-Stalin-Paktes über eine Million Polen in die Sowjetunion deportiert hatte, von denen 750 000 umgekommen sind."

Die Ausweisung aus der Heimat

Ende November 1945 erhielt ich durch den Apostolischen Administrator Dr. Kominek, Oppeln, die schriftliche Aufforderung, das Gebiet der Apostolischen Administratur sofort zu verlassen. Das war Vertreibung durch den Repräsentanten der Kirche in Oberschlesien, ein ungewöhnlicher Vorgang! Ich beschloß deshalb, nach Oppeln zu fahren, um die Begründung hierfür zu erfahren. Familie Kubitzki, bei der wir Priester oft zu Besuch und wie zu Hause waren, bat mich, den jüngsten Sohn Hermann, sechs Jahre alt, mitzunehmen und ins Pfarrhaus von Schönkirch bei Oppeln zu bringen, wo die Tante des kleinen Hermann Haushälterin beim dortigen Pfarrer war. Ich war einverstanden. Die Fahrt nach Oppeln verlief ohne Schwierigkeiten. Auf dem Wege vom Bahnhof nach Schönkirch sprach ich mit dem Jungen, der kein Polnisch verstand, natürlich deutsch. Ein Pole, der vorbeiging und dies hörte, schrie mich an, wodurch ein Auflauf entstand. Wir waren auf einmal von vielen Menschen umgeben. Der Schreier machte mir wegen des Gebrauches der deutschen Sprache laute Vorwürfe. Ich beruhigte ihn mit dem Hinweis, daß dieses Kind kein Polnisch verstehe, ich es aber deshalb in eine Familie brächte, damit es dort die polnische Sprache erlerne. Da war der Schreier still, und die

Ansammlung zerstreute sich. Im Pfarrhaus von Schönkirch übergab ich den kleinen Hermann der Obhut seiner Tante und verabschiedete mich bald, da ich noch zum Apostolischen Administrator wollte.

Ich wurde sofort vorgelassen. Der Sekretär Latussek war bei dem nun folgenden Gespräch anwesend. Nach der Begrüßung legte ich das Schreiben vor, wonach ich aufgefordert wurde, das Gebiet der Apostolischen Administratur zu verlassen. Ich äußerte meine Verwunderung darüber, da ich mir als Priester nichts habe zuschulden kommen lassen, was eine solche Ausweisung hätte rechtfertigen können. Ich machte darauf aufmerksam, daß ich in der Erzdiözese Breslau inkardiniert sei und nach kirchlichem Recht nicht exkardiniert werden dürfe, bevor nicht vom Bischof einer anderen Diözese die Bestätigung vorliege, daß ich nach der Exkardinierung in der anderen Diözese aufgenommen werde, was hier ja nicht der Fall sei. Eine solche Ausweisung aus der Heimatdiözese sei demnach gegen das Kirchenrecht. Ich sagte auch, daß ich erstaunt wäre, daß die kirchliche und nicht die staatliche Behörde, die in einem solchen Falle zuständig gewesen wäre, die Ausweisung ausgesprochen habe. Ich bat, mir den Grund hierfür anzugeben. Die Antwort des Apostolischen Administrators lautete: „Sie sind ein unverbesserlicher Deutscher und eine Gefahr für Polen. Sie müssen dieses Gebiet verlassen, Sie sprechen mit den Leuten noch deutsch, tragen das Evangelium am Sonntag auch in deutscher Sprache vor und halten sogar noch eine deutsche Predigt." Ich erwiderte ihm: „Herr Administrator, der Gebrauch der deutschen Sprache ist in der gegenwärtigen Situation eine seelsorgliche Notwendigkeit, da die meisten Gläubigen kein Polnisch verstehen. Ich wollte alles tun, um den Gläubigen den Übergang zu erleichtern. Ich habe auch schon mit den Kindern und Jugendlichen mehrstimmige polnische Kirchenlieder eingeübt, worüber sich die Leute sehr gefreut haben, aber man kann doch die Muttersprache einer Bevölkerung nicht von heute auf morgen verbieten, schon gar nicht in der Kirche." Ich wies dann auf die Großzügigkeit von Kardinal Bertram hin, der uns immer die seelsorglichen Bedürfnisse der anderen Volksgruppen ans Herz gelegt hatte.

Die Antwort darauf: „Aber jetzt sind wir in Polen, und die Leute sollen sich mühen, so schnell wie möglich Polnisch zu lernen." Diese Antwort ist typisch für die Mentalität des gesamten, auch des höheren Klerus Polens von damals. Darauf sagte ich: „Herr Administrator, ich glaube, daß Sie die Geschichte Schlesiens genau kennen und wissen, daß dieses Land seit Jahrhunderten zum Deutschen Reich gehörte. Es ist Ihnen sicher auch bekannt, daß auf der Potsdamer Konferenz die westliche Grenze Polens nicht endgültig festgelegt worden ist und daß dies erst beim Abschluß des Friedensvertrages geschehen soll, wie mir ein russischer Offizier ausdrücklich versichert hat." Daraufhin verbot mir der Administrator jedes weitere Wort. Er drohte mir sogar, daß er die Miliz rufen und mich abführen lassen würde. Ich war darüber so perplex, daß ich mich erhob und fragte: „Ist das Ihr letztes Wort, muß ich das Gebiet der Administratur verlassen?" Seine Antwort: „Ja, das ist mein letztes Wort." Mit dem Gruß: „Niech będzie pochwalone Jesus Christus – Gelobt sei Jesus Christus" verließ ich den Raum und begab mich auf die Heimreise.

Im Pfarrhaus von St. Bartholomäus warteten schon alle auf mein Kommen. Ich sagte ihnen gleich: „Alea iacta sunt – Die Würfel sind gefallen. Ich muß raus." Dann erzählte ich, wie es mir ergangen war.

Nun mußte ich überlegen, wie ich am besten in den Westen kommen könnte. Ich hätte mich dem Erzpriester Golombek von St. Andreas aus Hindenburg anschließen können, der gerade damals mit einer kleinen Gruppe von Priestern und Mitarbeitern über Kohlfurt in den Westen ausreisen wollte. Mein Ziel im Westen aber war Aub bei Würzburg in der amerikanischen Zone, wo ein Bruder wohnte. Deswegen waren wir in unserer Familie übereingekommen, uns nach den Wirren des Krieges in Aub zu treffen. So beschloß ich, durch die Tschechoslowakei und über den Böhmerwald dorthin zu gelangen. Ich hatte freilich keine Ahnung, daß die Tschechen viel schlimmer zu den Deutschen waren als die Polen. Wenn ich das vorher gewußt hätte, hätte ich die Ausreise anders geplant.

Die Vorbereitungen für die Ausreise

Ich beauftragte einen mir wohlgesinnten Polen, alle meine mir noch verbliebenen Dinge zu veräußern, so das Akkordeon, das Fahrrad und vor allem meine Contax, die mit ihrem Zubehör damals einen großen Wert darstellte. Alles in allem erbrachte dies eine Summe von 26 000 Reichsmark. Von meinem Vater, der noch in Hindenburg lebte, erhielt ich zusätzlich 10 000 RM. So hatte ich 36 000 RM zusammen. Ich wollte diese Summe aber nicht in im Westen wertlosen Złotys haben, sondern in der damals für die alliierten Truppen herausgekommenen Währung – in „Registermark", was auch klappte. Jetzt bewegte mich die Frage, wie ich das Geld gut nach Westdeutschland schaffen könnte. Dabei bekam ich ganz unerwartet Schützenhilfe. Ich machte nämlich in den folgenden Tagen einige Abschiedsbesuche, so auch bei der sehr liebenswürdigen Bäckersfrau Rössner. Sie sagte mir: „Herr Kuratus, wenn Sie wollen, helfe ich Ihnen, Geld oder einige wertvolle Dinge gut über die Grenze zu bringen." Sie erklärte sich bereit, meine Wertsachen in ein Brot einzubacken. Niemand würde darauf kommen, daß im Brot etwas verborgen sei. Der Vorschlag hat mich gleich begeistert. Noch am selben Abend brachte ich das Geld zu ihr. Da ich die Registermark in Tausendmarkscheinen erhalten hatte, war es leicht, die ganze Summe zusammenzurollen, in ein Leinentuch zu hüllen und dann einzubacken. Damit war wieder ein Problem gelöst.

Auf dem Bürgermeisteramt in Gleiwitz

Um in einer der Besatzungszonen des Westens Aufnahme finden zu können, benötigte ich noch die Ausweisungspapiere, die ich nur auf dem Bürgermeisteramt bekommen konnte. Ich machte mich also auf den Weg. Im Bürgermeisteramt traf ich den Bürgermeister auf dem Flur. Ich kannte ihn schon von einigen Begegnungen. Wir haben einige Male bei Einweihungen und Feierlichkeiten nebeneinandergesessen, wobei wir stets freundlich miteinander geplaudert hatten. Er war sehr erfreut, mich jetzt zu sehen, lud mich in sein Amtszimmer ein und erzählte von seinen Sorgen und Aufgaben. Ich hatte freilich ganz andere Probleme. Schließlich mußte es doch heraus. Ich druckste zunächst noch etwas herum, aber dann sprach ich ruhig: „Herr Bürgermeister, ich bitte um meine Papiere zur Ausreise nach Deutschland." Er war darüber sehr überrascht und wollte es zunächst nicht glauben. Ich berichtete ihm dann, daß ich vom Apostolischen Administrator in Oppeln aufgefordert worden war, das Gebiet der Administratur sofort zu verlassen, und zeigte ihm auch das Schreiben Dr. Komineks. Verärgert sagte er: „Das ist unmöglich. Er hat überhaupt nicht die Befugnis, jemanden auszuweisen. Ich werde ihn sofort anrufen. Er muß die Ausweisung zurücknehmen." Ich erklärte ihm aber, daß ich doch gehen müßte, denn ich hätte nicht optiert. Er fragte mich: „Ja, warum optieren Sie denn nicht? Sie sprechen doch polnisch, ich habe Sie einige Male am Sonntag in der heiligen Messe erlebt, sie haben schöne Gottesdienste mit den Kindern und der Jugend gestaltet." Ich antwortete ihm darauf: „Herr Bürgermeister, ich würde gern wegen der Menschen bleiben, überdies liebe ich die Heimat, aber ich kann nicht sagen, daß ich Pole bin. Ich habe auch vier Brüder, die deutsche Offiziere waren und im Westen sind. Ich möchte jetzt zu ihnen." Er hatte Verständnis für meine Haltung, stellte mir sofort die notwendigen Unterlagen aus und gab sie mir mit guten Wünschen für eine glückliche Reise. Ich dankte ihm für seine Freundlichkeit und verabschiedete mich mit einem kräftigen Händedruck. „Do widzenia – Auf Wiedersehen." Wieder war eine Hürde genommen.

Den Termin für die Ausreise hatte ich auf den St.-Barbara-Tag, den 4. Dezember 1945, festgelegt. Die hl. Barbara, die wir in Oberschlesien so hoch verehren, sollte mir als Nothelferin beistehen, damit alles gutgeht. Jetzt mußte ich nur noch Frau B. über den Termin meiner Ausreise informieren. Sie hatte es bisher nicht gewagt, allein die Reise in den Westen anzutreten. Ich forderte sie auf, alles für die Ausreise vorzubereiten und sich die nötigen Unterlagen beim Bürgermeisteramt zu beschaffen. Ich sagte ihr auch, daß ich versuchen wolle, mich über die Tschechoslowakei in die amerikanische Zone nach Bayern durchzuschlagen. Dieser Weg erscheine mir auch deswegen vorteilhaft, weil der frühere Kaplan Balzer Pfarrer in Thunskirch (Tworkau) sei, das direkt an der tschechischen Grenze liege. Er würde uns sicher weiterhelfen können.

Der letzte Tag in Gleiwitz war angebrochen. Ich hatte meine wichtigsten Utensilien in einer größeren Aktentasche verstaut. Einen Koffer wollte ich nicht verwenden, weil das zu auffällig gewesen wäre. Ich hatte deshalb auch nur einen Band meines Breviers mitgenommen, dazu ein Paar Socken zum Wechseln, ein Handtuch, einige Taschentücher, Seife und das Rasierzeug. Obenauf legte ich das kleine Brot mit dem wertvollen Inhalt. Es hatte darin gerade noch Platz.

Die Henkersmahlzeit wurde eingenommen. Wir waren dabei ganz still geworden. Abschied vom mir liebgewordenen Pfarrhaus und seinen Bewohnern in schwerster Zeit nach fast achtjähriger Tätigkeit! Draußen schellte es. Es war Frau B. Sie trug ein kleines Köfferchen in ihrer linken Hand. Ich war froh, daß sie sich nicht mit viel Gepäck belastet hatte. Wir verabschiedeten uns nun von Mutter Weinert, dem Pfarrer und den beiden Hausmädchen. Auch Pater Kondziołka, der mich beim Apostolischen Administrator in Oppeln angezeigt hatte, gab mir die Hand und wünschte eine gute Reise in den Westen. Pater Juszczak nahm mich beiseite und sagte mir: „Herr Kuratus, Sie gehen, aber Sie kommen wieder. Das bleibt nicht so. Die Gebiete kommen wieder zu Deutschland zurück." Ich war über seine Worte natürlich sehr erstaunt und fragte: „Pater, wollen Sie mich nur trösten, woher wissen Sie das?" Er sagte: „Ich kenne eine ganze Reihe polnischer Weissagungen, auch die des Jesuiten Bobola; sie besagen, daß noch eine sehr große Auseinandersetzung mit dem Osten kommen wird. Polen wird die verlorenen Gebiete im Osten wiedererlangen und dann von Meer zu Meer reichen. Auch Deutschland wird seine Gebiete wieder zurückbekommen." Sollte dies wirklich noch einmal wahr werden? Diese Aussage hat mich später niemals mehr losgelassen. Ich habe eine Menge Literatur durchgearbeitet, die die Aussage von Pater Juszczak nur bekräftigt, daß Deutschland nach großer Erniedrigung wiedervereinigt und eine bedeutende Stellung in der Welt haben wird. Mit diesem Lichtblick bin ich vom Pfarrhaus in Gleiwitz fortgegangen. Heute bin ich mehr denn je davon überzeugt.

Frau Apotheker Skrz., unser Hausmädchen Ella Scholz und Herr K., der mir so oft beigestanden hatte, begleiteten mich zum Bahnhof. Dort warteten schon die Eltern von Frau B. auf uns. Auf dem Bahnsteig gingen Milizen auf und ab. Wir standen in der kleinen Gruppe zusammen und unterhielten uns zwanglos, bis der Personenzug nach Ratibor eintraf. Noch einmal ein Händedruck, einige freundliche Worte, dann bestiegen wir den Zug und nahmen in unserem Abteil Platz. Der Zug setzte sich in Bewegung. Die Lok fauchte mächtig und stieß große Wolken zum Himmel. Es war sehr kalt, minus 15 Grad. Wir fuhren einer ungewissen Zukunft entgegen. Wir machten das Kreuzzeichen und sagten zueinander: „Z Bogiem – Mit Gott!" Während der Fahrt hingen wir unseren Gedanken nach.

In Ratibor angekommen, suchte ich sogleich Erzpriester Schulz auf und erzählte ihm von unserem Vorhaben. Er hatte Bedenken wegen des Überschreitens der tschechischen Grenze. Aber wir wollten es dennoch wagen. Übernachtung im kath. Krankenhaus. Am nächsten Morgen feierte ich in der Krankenhauskapelle die hl. Messe. Danach nahmen wir unser Frühstück ein, das die Schwestern uns bereitet hatten. Sie hatten sogar ein Päckchen mit Reiseproviant zurechtgelegt. Ich habe deshalb mein kleines Brot aus der Aktentasche herausnehmen müssen, um darin das Päckchen mit dem Proviant unterzubringen. Das Brot wollte ich mir unter den Arm klemmen und so tragen, bis der Proviant aufgezehrt war.

Da keine Zugverbindung nach Thunskirch bestand, mußten wir zu Fuß dorthin gehen. Die Entfernung betrug zehn Kilometer. Es war kalt, minus 10 Grad. Allmählich kam die Sonne durch und verklärte die schneebedeckte Landschaft. Während wir dahinschritten, hofften wir vergebens, daß jemand mit einem Schlitten käme und uns mitnähme. Nach einer Stunde Fußmarsch war mir warm geworden. Wir legten eine Verschnaufpause ein und nahmen eine kleine Stärkung zu uns. Dann gingen wir wieder weiter, vor uns immer die Straße mit den kahlen Winterbäumen. Ab und zu flogen Krähen auf und durchbrachen mit ihrem „Kräh, kräh" die Stille. Nach einer weiteren Stunde tauchte in der Ferne ein Kirchturm auf. Wir sagten uns: „Das kann nur der Kirchturm von Thunskirch sein." Noch einmal hielten wir an. Wie wir so dastanden, merkte ich plötzlich, daß ich das Brot nicht mehr unter dem Arm hatte. Ich war sehr erschrocken. In meiner Verlegenheit öffnete ich die Aktentasche, in der das Brot gar nicht sein konnte, ich griff sogar in die Manteltasche, schaute um mich herum auf den Boden und den Weg zurück, den wir gekommen waren. So weit mein Blick ging, auf der Straße war nichts zu sehen. Frau B. bemerkte meine Betroffenheit. Ich sagte ihr, daß ich das Brot verloren hätte. Es mußte mir unterwegs unter dem

Arm durchgerutscht sein. Ich weiß nicht, wie lange ich so dagestanden habe. Dann überlegte ich, ob ich den Weg noch einmal zurückgehen sollte. In dieser Situation betete ich: „O Gott, wenn es Dein Wille ist, daß ich alles aufgeben und ohne das Geld im Westen ankommen soll, dann soll Dein Wille geschehen." Ich schaute noch einmal zurück und machte ein Kreuz in die Richtung, aus der wir gekommen waren. Da sah ich in der Ferne einen Mann kommen und sagte zu Frau B.: „Wir wollen noch warten, bis der Mann hier ist und ihn fragen, ob er ein Brot auf der Straße gesehen hat." Er kam rasch heran, und als er ganz nah war, sah ich, daß er mein kleines Brot unter seinem Arm trug. Ich fragte ihn: „Haben Sie dieses Brot auf dem Weg gefunden? Ich habe es verloren!" Er bejahte es und gab es mir gleich zurück. Ich bedankte mich bei ihm und gab ihm 10 Złoty, wofür er sich drei Brote hätte kaufen können. Der Mann bestätigte unsere Vermutung, daß der Ort vor uns Thunskirch war. Das letzte Stück unseres Weges legten wir erleichtert zurück.

Im Pfarrhaus von Thunskirch

Im Pfarrhaus angekommen, gab es ein großes Hallo. Mein Freund staunte, als er mich auf einmal vor sich sah, und erst recht, als er von meiner Absicht erfuhr. Er wollte mir gern helfen, über die Grenze zu kommen, und meinte, daß dies schon heute sein könnte, da eine Frau aus dem Dorfe regelmäßig hinübergeht. Sie könnte mich gut hinüberlotsen und zum Pfarrer des anderen Dorfes bringen, der ein guter Freund von ihm ist. Die Frau kenne den Weg genau, wir würden sicher keinen Grenzer antreffen. Das paßte ja großartig. Mein Freund schickte seine Haushälterin zur besagten Frau, die bald erschien. Wir trugen ihr unsere Bitte vor. Sie war bereit, uns über die Grenze zu bringen.

Als es dunkel geworden war, erschien sie. Wir verabschiedeten uns vom Pfarrer und seiner Haushälterin und machten uns auf den Weg. Zunächst gingen wir die Dorfstraße entlang. Am Ende des Dorfes bogen wir in einen Weg ein, der aufs Feld hinausführte. Schließlich stapften wir über gefrorene, schneebedeckte Felder auf einen dunklen Knick zu, der den weiteren Ausblick versperrte. Dort angekommen, verharrten wir eine kleine Zeit und lauschten in die Stille hinaus, ob nicht ein tschechischer Grenzbeamter in der Nähe war. In der Ferne heulte ein Hund, ein zweiter und dritter gaben Antwort. Vorsichtig durchschritten wir den Knick und gelangten an dessen Ende an einen zugefrorenen Graben. „Das ist die Grenze", sagte die Frau. Zwanzig Minuten später waren wir am Ziel. Der Pfarrer nahm uns freundlich auf und ließ uns im Pfarrhaus übernachten. Am nächsten Morgen erlebten wir in seiner Kirche einen Gottesdienst in mährischer Sprache. Es war der 6. Dezember, Fest des hl. Nikolaus. Viele Gläubige waren gekommen, um diesen liebenswürdigen Heiligen und Boten im Advent zu ehren. Während wir anschließend am Frühstückstisch saßen, erschien ein Nachbar des Pfarrers. Er wollte mit seinem Pferdeschlitten nach Hultschin zum Einkaufen fahren und fragte, ob er aus der Stadt etwas mitbringen solle. Als ich ihm sagte, daß ich auch nach Hultschin wolle, um dort eine Kusine zu besuchen, war er gleich bereit, uns mitzunehmen. Dies war mir um so lieber, da der Fußmarsch von Ratibor nach Thunskirch einige Druckstellen an meinen Füßen hinterlassen hatte.

Wir bestiegen also den Schlitten und glitten, begleitet von dem Geläut der Glöckchen, durch die Landschaft dahin. In Hultschin fanden wir bald die Straße, in der meine Kusine wohnte. Es war ein Wiedersehen nach vielen Jahren! Ich erzählte von meinem Vorhaben. Die Kusine hatte ihre Bedenken und meinte, daß es sehr schwer, ja fast unmöglich wäre, ohne Kontrolle bis an die bayerische Grenze zu kommen. Sie machte den Vorschlag: „Laß uns zum Stadtpfarrer gehen und ihn um Rat fragen, wie wir den gefaßten Plan am besten verwirklichen können." Beim Pfarrer waren noch ein anderer Mitbruder und die Gemeindehelferin anwesend, die den Weg durch die Tschechoslowakei bis zur bayerischen Grenze schon oft zurückgelegt hatte. Als ich meine Absicht vorgebracht hatte, wurde mir gleich gesagt, daß es ein großes Risiko ist, wegen der Kontrollen durch die Milizen mit der Eisenbahn zu fahren. Am besten wäre es, wenn ein Privatauto die Fahrt machen könnte. Sie wollten sich erkundigen, ob sich in den nächsten Tagen eine Gelegenheit dazu böte. Ich sollte am nächsten Tage wiederkommen. Zum Abschied sagte mir der Pfarrer noch: „Hoffentlich hat die Miliz nicht gemerkt, daß Sie hier sind, denn dann wäre ohnehin alles aus. Sie sind hier sehr streng. Viele Deutsche sind schon ausgewiesen worden, einige Priester sogar im Gefängnis gelandet." Das waren freilich keine guten Aussichten, aber einen Funken Hoffnung hatte ich immer noch.

Auf dem Milizamt in Hultschin

Als wir nach einer Stunde in die Wohnung der Kusine zurückkehrten, hatte die Miliz bereits eine Nachricht hinterlassen, daß sich der Besuch sofort beim Amt zu melden hätte. Ich ging deshalb gleich mit meiner Kusine zum Milizamt, stellte mich vor und sagte, daß ich gekommen wäre, um meine Kusine, die ich schon viele Jahre nicht mehr gesehen hätte, zu besuchen. Ich hätte auch die Absicht, nach einigen Tagen von Hultschin nach Prag zu fahren, um dort den Päpstlichen Nuntius in einer wichtigen Angelegenheit zu sprechen. Ich bat um eine Genehmigung für die Fahrt nach Prag. Tatsächlich wollte ich auch zum Nuntius nach Prag, um ihn zu bitten, einen Bericht über die Verhältnisse der Kirche in den von Polen besetzten Gebieten Ostdeutschlands nach Rom weiterzuleiten. Der Milizmann wollte meinen Reisepaß sehen. Ich hatte natürlich keinen, sondern nur den Ausweis, den das Pfarramt ausgestellt hatte. Auf die Frage: „Wie sind Sie über die Grenze gekommen?", antwortete ich: „Bei Thunskirch, eine Grenzkontrolle hat es nicht gegeben, vermutlich, weil es schon dunkel und sehr kalt war." – „Eigentlich", sagte er, „müßte ich Sie wegen unerlaubten Grenzübertritts verhaften." Ich aber bat ihn, mir zu helfen, da ich dringend nach Prag müßte. Er sah sich hierzu außerstande und forderte mich auf, wieder über die Grenze zurückzukehren und von Polen aus zuerst einen Antrag für die Fahrt nach Prag zu stellen und zu warten, bis eine Antwort eintreffen würde. Damit war die Durchreise durch die Tschechoslowakei geplatzt. Schweren Herzens mußten wir umkehren. Meine Kusine beschaffte eine Fahrgelegenheit bis zur Grenze, die wir an derselben Stelle überschritten, an der wir tags zuvor in die Tschechei hineingekommen waren. Mein Freund Balzer glaubte Gespenster zu sehen, als wir des Abends im Türrahmen der Wohnküche erschienen. Ich beruhigte ihn aber: „Konrad, wir sind es wirklich!" Dann erzählte ich alles, was sich zugetragen hatte.

Nun mußten wir umdisponieren und einen anderen Weg nach Westdeutschland wählen. Es gab zwei Möglichkeiten, um aus dem polnisch besetzten Gebiet herauszukommen. Wir konnten entweder den Weg über Breslau–Kohlfurt–Berlin oder über Hirschberg–Görlitz–Berlin einschlagen. Wir entschieden uns für die zweite Möglichkeit.

Am nächsten Tag brachte uns ein Schlitten, den mein Freund organisiert hatte, nach Ratibor zum Bahnhof. Wir hatten Glück, daß bald nach unserer Ankunft ein Personenzug in westlicher Richtung abfuhr. Er fuhr aber leider nur bis Deutsch-Wette, wo alle aussteigen mußten. Da es schon dunkel war, als wir in Deutsch-Wette ankamen, konnten wir nicht mehr in den Ort hineingehen, denn der Bahnhof lag weit außerhalb. So mußten wir bis zum Morgen in der Bahnhofhalle ausharren. Die

Bahnhofshalle war unbeleuchtet, ungeheizt und voll von stickigem Rauch. Sie war überfüllt von Reisenden mit den verschiedensten Gepäckstücken, mit totem und lebendem Inventar. Die Menschen saßen auf ihrem Gepäck. Wir mischten uns unter sie. Ab und zu leuchtete in der Dunkelheit ein kleiner Lichtschein auf – immer dann, wenn ein Mann mit einem Streichholz seine ausgegangene Pfeife anzündete. In der Nacht kam einer auf den Gedanken, mitten in der Halle mit Papierresten ein kleines Feuer zu machen, so daß wir die Gesichter der Leute sehen konnten. Wir hatten das Empfinden, als würde es in der Halle durch das kleine Feuer wärmer. Dennoch konnten wir den Morgen kaum erwarten.

Da ich in Erfahrung gebracht hatte, daß an diesem Tag kein Zug in Richtung Westen fahren würde, machten wir uns in der Frühe auf den Weg in den Ort. In Deutsch-Wette war ein Schwesternkloster. Dorthin lenkten wir unsere Schritte. Wir schilderten den Schwestern unsere Lage. Sie nahmen uns dann liebevoll auf und reichten uns heißen Tee zum Aufwärmen. Sie boten uns auch an, bei ihnen zu bleiben, bis wir mit der Bahn weiterfahren könnten. Dankbar nahmen wir das Angebot an. Die Schwestern haben auch Erkundigungen eingeholt und festgestellt, daß am nächsten Tag gegen elf Uhr ein Zug nach Neisse und Königszelt fahren würde. Am nächsten Morgen brachen wir bald nach der hl. Messe zum Bahnhof auf. Nach einer Wartezeit von einer Stunde kam ein Zug, aber er fuhr in Richtung Leobschütz und Ratibor – also in die falsche Richtung. So mußten wir uns noch in Geduld üben. Nach einer weiteren Stunde kam dann der ersehnte Zug nach Neisse und Königszelt. Er hielt an, aber es war unmöglich, auch nur einen Fuß auf das Trittbrett eines Waggons zu bekommen, geschweige denn, einen Platz in einem Abteil zu finden. Viele drängten und wollten mit, aber da niemand ausgestiegen war, war auch kein Platz frei geworden. Es wäre lebensgefährlich gewesen, sich noch irgendwo hineinzuzwängen. Auf einmal pfiff die Lok, der Zug fuhr ächzend an und dampfte, dicke Wolken ausstoßend, davon. Traurig schauten wir ihm nach. Wir blieben anschließend in der Bahnhofshalle. Man kann ja nie wissen! Gegen Mittag fuhr ein sehr langer Güterzug ein. Er hielt im Bahnhofsgelände, da die Lok Wasser fassen mußte. Alles stürzte dorthin. Es war ein Transportzug mit polnischen Aussiedlern.

Im Transportzug mit polnischen Aussiedlern

Ich ging am Zug entlang; fast am Ende stand der Transportführer, den ich anredete. Er sah, daß ich Priester war. Ich bat ihn, mich und meine Begleiterin mitzunehmen, da ich dringend weitermüßte und keine Fahrgelegenheit hätte. Er sprach daraufhin mit den Leuten eines Waggons. Sie waren einverstanden. So stiegen wir ein. In dem Waggon waren drei Familien untergebracht. Er war vollgestopft mit den verschiedensten Dingen – Möbel, Ackerwerkzeuge, Heu und Stroh. In einer Ecke stand eine Kuh, in einem Verschlag waren einige Hühner untergebracht. In der Mitte stand ein glühender Kanonenofen, der den Raum sehr schön erwärmte. Alle saßen um den Ofen herum. Wir setzten uns dazu.

Als sich der Zug in Bewegung gesetzt hatte, kamen wir ins Gespräch. Ich fragte die Leute, woher sie kämen, und hörte, daß die Russen alle Polen aus den Gebieten östlich der Curzon-Linie evakuierten. Zwar hätten sie einige Dinge mitnehmen dürfen, aber das meiste mußten sie zurücklassen, vor allem ihre geliebte Heimat. Sie wären so gern daheim geblieben. Dann fragten sie uns, wie es denn hier wäre. Sie hätten gehört, daß die Deutschen auch ausgesiedelt würden und sie deren Wohnungen und Häuser übernehmen müßten. Das wollten sie aber nicht. Sie möchten niemanden verdrängen. Ich tröstete sie, daß sie an der ganzen Entwicklung keine Schuld trügen. Sie sollten nur gut zu den Deutschen sein, zu denen sie kämen, alles andere müßte man dem Herrgott überlassen.

Als Gäste wurden wir zum Mittagessen eingeladen. Es gab ein Stück Brot mit Speck und Pellkartoffeln, dazu ein Glas Milch, frisch von der Kuh, die im Waggon stand. Nach dem Essen sprachen wir gemeinsam das Dankgebet. Nach zwei Stunden wurde der Transportzug auf ein Abstellgleis geleitet. Dort standen wir fast die ganze Nacht. Wir saßen um den wärmenden Ofen und beteten gemeinsam den Rosenkranz, den ich mit dem priesterlichen Segen abschloß. So waren wir eine kleine Kirche geworden. Bisweilen nickten wir ein. In aller Frühe ging ein Ruck durch den Zug, wir hörten draußen Stimmengewirr, die Lok pfiff, und zu unserer Freude setzten wir uns in Bewegung. Die Fahrt ging wieder weiter, von jetzt ab sogar sehr schnell. Schließlich trafen wir in Königszelt ein. Hier mußten wir aussteigen, denn in Königszelt war die Abzweigung der Bahnlinie nach Waldenburg, Hirschberg und Görlitz, unserem Ziel. Wir bedankten uns für die Gastfreundschaft, wünschten eine gute Weiterreise und für die Zukunft Gottes Segen. Auch das ist Polen! Diese schlichten, gläubigen Menschen haben auf mich einen tiefen Eindruck gemacht.

Die Weiterreise nach Waldenburg, Hirschberg und Lauban

In Königszelt bestiegen wir einen Zug nach Hirschberg, wo wir im Laufe des Nachmittags eintrafen. Wir besuchten gleich Erzpriester Schinke, der uns schon im Sommer so freundlich aufgenommen hatte. Ich erzählte von meiner Ausweisung und dem mißglückten Versuch, über die Tschechei nach Bayern zu kommen. Nun seien wir auf dem Weg nach Görlitz, um von dort über Berlin in den Westen zu gelangen. Wir übernachteten wieder bei den Schwestern. Schon am nächsten Tag machten wir uns zu Fuß auf den Weg, denn die Eisenbahnstrecke nach Görlitz war wegen einer in den letzten Tagen des Krieges zerstörten Brücke unterbrochen. Die Entfernung bis zur Grenze an der Lausitzer Neiße betrug immerhin noch achtzig Kilometer. Wir mußten dafür etwa drei Tage ins Auge fassen. Deshalb schritten wir bei schönem, sonnigem und trockenem Frostwetter angesichts des noch vor uns liegenden Weges mächtig aus und kamen gut voran. Bald würde es sich zeigen, ob wir auch die letzte Etappe unserer Ausreise gut schaffen würden. Als wir etwa zehn Kilometer zurückgelegt hatten, kam hinter uns ein Panjeschlitten angefahren. Wir erkannten ihn schon von weitem an seinem Glockengeläut. Als er näher herangekommen war, winkte ich automatisch. Und siehe, er hielt an! Ich fragte den Pan, ob wir mitgenommen werden könnten. „Natürlich", war seine Antwort. Frau B. setzte sich im hinteren Teil des Schlittens auf einen Strohballen, während ich neben dem Pan Platz nahm. So fuhren wir durch die winterliche Landschaft, vorbei an verschneiten Wiesen, Feldern und kleinen Wäldchen, rechts der Blick in die Ebene, linker Hand das Isergebirge. Und als Begleitmusik das liebliche Geläut der Glöckchen des Pferdeschlittens. Es war eine richtige „Petersburger Schlittenfahrt", die uns hier geschenkt war. Ich kam mit dem Mann neben mir ins Gespräch. Er erzählte, daß er aus einem Dorf bei Lemberg stamme. Er sei, wie alle dortigen Polen, von den Russen evakuiert worden. In der Gegend hier seien viele aus seinem Dorfe untergekommen. Er sei auf der Fahrt nach Gryfów Sląski – Greiffenberg, wo ein Bruder mit seiner Familie lebe. Ich fragte ihn, ob es ihm hier gefalle! „Ja, ganz gut", sagte er, „aber zu Hause ist es viel schöner gewesen." Ob er wieder zurückginge, wenn die Russen die östlichen Gebiete Polens wieder herausgeben müßten, fragte ich weiter. Er antwortete: „Natürlich, sofort." – „Würden das auch Ihre Verwandten und die übrigen Polen tun?" – „Aber ja, denn der Boden in der Heimat ist viel besser! Hier ist der Boden sehr schwer und verlangt viel Arbeit."

Immer, wenn ich mit polnischen Menschen sprach, ist mir zum Bewußtsein gekommen, daß sie sehr an ihrer Heimat hängen und diese nie aufgeben, auch nicht nach langen Jahren. Liebe zur Heimat wird bei ihnen großgeschrieben. Ich sage dies mit einem gewissen Bedauern, wenn ich an die Abwertung denke, die die Heimatvertriebenen und ihre Treffen in unseren Medien erfahren.

Mit Erzählen verging die Zeit sehr rasch. Schnell waren wir in Greiffenberg. Der Schlitten hielt an, wir standen vor dem Haus des Bruders. Wir stiegen aus und bedankten uns bei dem freundlichen Polen dafür, daß er uns ein so großes Stück des Weges mitgenommen hatte. In einem Gasthaus erwärmten wir uns mit heißem Tee und aßen unsere mitgebrachten Brote. Dann machten wir uns wieder auf den Weg. Wir schafften es an diesem Tage noch bis Lauban, wo wir im Kloster der Magdalenerinnen übernachten konnten.

Der letzte Tag in der schlesischen Heimat

Am 21. Dezember 1945 brachen wir gegen neun Uhr auf, um „die letzte Schlacht" zu schlagen. Es war wieder ein sonniger, frostiger Tag. Am Kilometerstein konnten wir feststellen, daß es noch dreißig Kilometer bis Görlitz waren. Wir machten uns gegenseitig Mut, daß wir diese Hürde wohl auch noch schaffen würden. Nachdem wir etwa eine Stunde unterwegs waren, fuhr ein polnisches Militärauto an uns vorbei. Wir sahen, daß hinter der Plane, die halb geöffnet war, Soldaten saßen. Plötzlich hielt das Auto vor uns, weil einige Soldaten kurz „verschwinden" mußten. Das war unser Glück. Ich ging gleich zu dem Offizier, der neben dem Fahrer saß, und fragte ihn, ob er uns nicht mitnehmen könne, wir müßten dringend nach Görlitz. „Geht in Ordnung", sagte er, „wir fahren auch nach Görlitz, wo wir stationiert sind; steigen Sie nur hinten ein." Wir bestiegen den LKW, wobei die Soldaten uns halfen. Nachdem alle Soldaten wieder eingestiegen waren, ging die Fahrt weiter. Rasch kamen wir nun unserem Ziel näher. An der Kirche hielt das Auto, damit wir aussteigen konnten. Zunächst wollten wir einen Besuch in der Kirche machen, um Gott für die gütige Führung zu danken, die er uns in den letzten Tagen hatte angedeihen lassen. Dann erst wollten wir den Pfarrer dieser Gemeinde, Dr. Franz Scholz, aufsuchen, um uns beraten zu lassen, wie wir am besten über die Neiße-Grenze kommen könnten. In der Kirche saß in der ersten Bank ein Priester, der sein Brevier betete. Bei näherem Hinsehen erkannte ich, daß es Pfarrer Scholz war. Wir warteten, bis er aufstand, und folgten ihm nach draußen. Nach einer kurzen Begrüßung erzählten wir ihm von unserer Absicht. Er meinte, daß es kein Problem wäre, nach drüben zu kommen, wenn Ausreisepapiere vorhanden sind; die Polen seien froh über jeden Deutschen, der das Land verläßt. Pfarrer Scholz schaute auf die Uhr und sagte: „In einer Stunde wird die Grenze über die Neiße geöffnet. Wenn Sie wollen, können Sie da schon hinüber." Natürlich wollten wir, und wir wollten lieber heute als morgen.

Da wir noch etwas Zeit hatten, suchten wir ein Gasthaus zu einer kleinen Stärkung auf. Danach gingen wir die Straße entlang, die zur Lausitzer Neiße führte. Unterwegs kauften wir bei einem Bäcker noch ein Brot und bei einem Fleischer einen Kranz Knoblauchwurst. Als wir dann um eine Ecke bogen, sahen wir die Lausitzer Neiße, die Notbrücke und sehr viele Menschen, die dort schon standen, um nach Monaten der Bedrängnis und Not in die Freiheit zu gelangen. Die Heimat war ihnen zur Qual geworden. Von ihrer Habe konnten sie nur weniges mitnehmen. Alles, was sie besaßen, führten sie mit sich, verstaut im Rucksack, auf kleinen Handwagen oder in

Mit großer Begeisterung wurden die Meßlieder in deutscher Sprache gesungen. In Oberschlesien und auch in anderen Gegenden war ja die deutsche Sprache gleich nach Übernahme der Verwaltung durch die Polen verboten worden. Das „Großer Gott, wir loben Dich" war dann ein Dank an Gott für die Rettung aus höchster Not. Man konnte es allen ansehen, wie froh sie waren, der Hölle entronnen und in die Freiheit gelangt zu sein. Dabei war allen klar, daß sie im zerstörten Westen einen schweren Anfang haben würden. Der Vertreter der Zeugen Jehovas, der selbst nichts zu tun hatte, war oft bei meinen Gottesdiensten anwesend. Er staunte über die Religiosität der Schlesier. Auch mit dem evangelischen Pastor Erwin Glow bin ich sehr gut ausgekommen.

Oft saß ich bis in die Nacht in dem Sprechzimmer unserer Caritasbaracke und hörte den Landsleuten zu, die jede Gelegenheit wahrnahmen, um sich alles von der Seele herunterzureden, was sie an Leiden durchgemacht hatten. Viele Frauen waren nicht nur einmal vergewaltigt worden und hatten einen Schock für das ganze Leben erlitten. Hier konnte nur der Glaube neuen Mut und neue Kraft geben. Zu den schlimmsten Erlebnissen gehörte ein Transport, der im Januar 1947 eintraf. Es war damals bitter kalt. Aus den unbeheizten Güterwaggons waren mehrere Tote ausgeladen worden. Sie waren vor Erschöpfung und durch Erfrieren gestorben. Sie kamen zwar in der Freiheit an, aber als Tote, um im Westen ihre letzte Ruhestätte zu finden. Es tat mir leid, daß die ausgehungerten Heimatvertriebenen nach einer erschöpfenden Fahrt in der Kälte auch noch nach der Ankunft bei uns frieren mußten. Die großen Hallen waren kaum zu beheizen. Die Ankömmlinge fanden auch keine Betten vor und mußten auf Stroh auf dem Boden liegen. Der zuständige britische Major Johnson war hilflos und beklagte, daß er zu wenig Koks für die Heizung bekäme, so daß die Hallen nicht genügend beheizt werden könnten. Eine diesbezügliche Beschwerde des evangelischen Pastors und von mir einem Korb, an den man zur besseren Beförderung Räder anmontiert hatte. Ich schaute in abgehärmte Gesichter, Gesichter, in denen die bange Frage zu lesen war: „Werde ich das wenige noch behalten, oder wird mir auch das noch weggenommen?" Aber das Bewußtsein, bald alle Qual ausgestanden zu haben und als Deutscher unter Deutschen in Freiheit leben zu können, erfüllte sie mit Freude. Nur raus aus der Hölle, auch wenn die Zukunft ungewiß vor ihnen lag. Ich erfuhr, daß wir zunächst in die Dienstbaracke müßten, wo die Aussiedlungspapiere abgestempelt würden. Das vollzog sich routinemäßig. Dann reihten wir uns in die Schlange der Wartenden ein. Es kamen Milizen vorbei, die bei einigen Stichproben machten. Aber niemandem wurde etwas weggenommen.

Auf einmal erklang eine Glocke, und der Schlagbaum hob sich. Die lange Menschenschlange setzte sich in Bewegung – auf die Brücke zu. Auf der anderen Seite der Neiße angekommen, atmeten wir erst einmal tief auf. Wir waren in Freiheit! Ein Schatten legte sich freilich gleich auf mein Gesicht, als wir von einem Antifaschisten begrüßt wurden, der mit tönenden Worten die Segnungen des Sozialismus und den Sieg der Arbeiterklasse über den Faschismus und Imperialismus pries.

In Görlitz-West und Berlin

Die ersten Schritte in der russischen Besatzungszone führten mich zum ehemaligen Konviktsdirektor E. Tischert, der eine Anlaufstelle für alle Theologen war, die aus der ehemaligen Erzdiözese Breslau oder aus der Kriegsgefangenschaft ankamen. Er freute sich sehr, als er mich sah. Ich berichtete kurz von meinen Erfahrungen mit den Russen und Polen und von meiner Absicht, zunächst über Berlin weiter nach dem Westen zu reisen, um Kontakt mit meinen Angehörigen aufzunehmen.

Schon am nächsten Tage fuhren wir in einem Triebwagen der Reichsbahn in Richtung Berlin, wo ich eine Tante besuchen wollte, die bei den Grauen Schwestern in Schlachtensee war. Es war der 22. Dezember, als ich an der Pforte des Klosters schellte. Der mir öffnenden Schwester stellte ich mich als Neffe von Schwester Tatia vor. „Ich komme gerade aus Oberschlesien und wollte noch meine Tante besuchen, ehe ich weiter gen Westen reise." Im Sprechzimmer erfuhr ich dann, daß meine Tante vier Wochen zuvor gestorben war. Die Schwester Oberin, die inzwischen eingetreten war, erzählte mir aus den letzten Tagen des Lebens meiner Tante. Sie bot mir an, einige Tage bei ihnen zu bleiben, da eine Weiterreise an den Weihnachtstagen doch nicht zu empfehlen sei. Das war mir auch sehr lieb, denn wer wollte schon zwischen Weihnachten und Neujahr irgendwo herumhängen? In der Zwischenzeit wollte ich mich erkundigen, wie und wo man am besten in die britische Zone hinüberwechseln könnte. Nach den Weihnachtsfeiertagen suchte ich deshalb einige Stellen auf, die für die Einreise in die britische Zone zuständig waren. Als ich feststellte, daß der Behördengang zu kompliziert war und wir noch einige Wochen in einem Lager warten müßten, ehe wir mit einem Transport in die britische Zone überführt werden könnten, beschloß ich, gleich nach Neujahr an die Zonengrenze zu fahren und, wenn nötig, schwarz über die Grenze zu gehen.

Fahrt zur Zonengrenze

Am 3. Januar 1946 fuhren wir mit der Eisenbahn über Halle nach Heiligenstadt. Als der Zug dort ankam, stand dem Bahnsteig gegenüber ein vollbesetzter Personenzug. Ich fragte Leute, die aus den Fenstern herausschauten, wohin der Zug fahre. Dabei erfuhr ich, daß er in zwanzig Minuten zur Zonengrenze fahre und sie alle über Friedland in den Westen wollten. Auf meine Frage, ob ich mitfahren könnte, antwortete man mir: „Wenn Sie aus Schlesien ausgewiesen worden sind, brauchen Sie nur in die Schule zu gehen, die sich dem Bahnhof gegenüber befindet. Dort stellt eine Kommission die nötigen Scheine aus." Ich eilte gleich mit Frau B. dorthin, legte meine Unterlagen vor und erhielt sofort den nötigen Schein. Zehn Minuten später konnten wir im Zug Platz nehmen, der anschließend in ein Auffanglager an der Zonengrenze fuhr.

Am nächsten Morgen ging der ganze Treck – etwa 1 000 Personen – in Begleitung russischer Soldaten zu Fuß zur Zonengrenze. Dort angekommen, wurden die Papiere nochmals überprüft, dann hob sich der Schlagbaum, und wir betraten die britische Zone, wo schon Busse bereitstanden, um uns in das Lager Friedland zu bringen. Im Lager Friedland wurden wir begrüßt, registriert, „entlaust", bekamen Verpflegung und Auskunft über eine eventuelle Weiterfahrt. Da wir im Westen ein festes Ziel hatten, konnten wir noch am selben Tag über Paderborn nach Siddinghausen weiterreisen. Die Borghoff-Mühle, wo die Schwiegereltern von Frau B. wohnten, war bald gefunden. Die Freude war groß, als wir uns vorstellten. Frau B. hatte ihre Schwiegereltern vorher noch nie gesehen, da sie eine Kriegstrauung gehabt hatte. Nun gab es viel zu erzählen. Nach einigen Tagen fuhr ich nach Paderborn und suchte Erzbischof Lorenz Jäger auf. Ich übergab ihm den Bericht über die Lage der Kirche in den von Polen besetzten Gebieten, den ich ursprünglich dem Päpstlichen Nuntius in Prag geben wollte. Der Erzbischof las ihn durch und war über die Informationen und den Bericht aus erster Hand sehr erfreut. Er versicherte mir, daß er diesen Bericht dem Hl. Vater übergeben wolle, da er eine Woche später zu einem Ad-limina-Besuch nach Rom reisen müßte.

Danach verließ ich Siddinghausen und fuhr über Würzburg und Ochsenfurt nach Aub. Dort traf ich zu meiner Überraschung meine Mutter, meine Schwester Martha mit ihrer Familie und meinen Bruder August, der in der Würzburger Universitätsklinik als Assistenzarzt tätig war. Ich erfuhr auch etwas über den Aufenthalt der übrigen Geschwister.

Als Pfarradministrator in Aub

Wie es der Herrgott manchmal so fügt! Einige Tage vor meiner Ankunft war der Pfarrer von Aub gestorben. Der in Aub auch amtierende Benefiziat wollte die Administratur der freigewordenen Pfarrgemeinde nicht übernehmen, da er sich der Aufgabe nicht gewachsen fühlte, und schlug dem Bischöflichen Generalvikariat in Würzburg vor, mich als Pfarradministrator einzusetzen, was auch geschah, nachdem ich mich dort vorgestellt hatte. Ich muß ehrlich sagen, daß mich der Auber Bürgermeister und die Auber Bevölkerung sehr gut aufgenommen haben. Ich konnte im Pfarrhaus wohnen. Die Schwester des verstorbenen Pfarrers betreute mich. Sie schenkte mir das Brevier ihres Bruders und einige Bücher, die mir sehr nützlich waren. Die Ortsgemeinde gab mir Bezugsscheine, so daß ich mir einen Anzug, einen Sommermantel, ein Paar Schuhe und etwas Wäsche kaufen konnte. Die Ordensschwestern im Hospiz und im Krankenhaus haben mich wieder hochgepeppelt, so daß ich immer mehr zu Kräften kam. Es entstand bald ein herzliches Verhältnis zu den Kindern, der Jugend, der ganzen Pfarrgemeinde. Verschiedene Gruppen bildeten sich, die fleißig mitarbeiteten. Die Gottesdienste mußten damals in der Hospitalkirche abgehalten werden, da die Pfarrkirche durch Kriegseinwirkung schwer beschädigt war. Ich hatte bald mit dem Bauamt des Bischöflichen Generalvikariates in Würzburg Kontakt aufgenommen, damit Schritte zur Erhaltung der Bausubstanz der wunderschönen Barockkirche unternommen würden, in der sich eine Kreuzigungsgruppe von Tilman Riemenschneider befand. Gern denke ich an diese Zeit zurück, und dies mit großer Dankbarkeit. Nach viereinhalb Monaten wurde die Pfarrei neu besetzt. Ich wurde damals vom Generalvikar in Würzburg gebeten, in der Diözese zu bleiben, aber ich habe mich entschlossen, dorthin zu gehen und dort zu wirken, wo die meisten Schlesier hingekommen sind. Das war Norddeutschland. Schließlich war ich ja Priester der Erzdiözese Breslau.

Also fuhr ich damals nach Hannover, wo gerade ein Treffen schlesischer Priester stattfand, zu dem mich mein Freund Paul Hadrossek eingeladen hatte. Bei diesem Treffen beklagte sich der damalige Caritasdirektor Adalbert Sendker, daß zwar viele Vertriebene in die Diasporadiözese Hildesheim gekommen seien, aber nur wenige Priester, so daß die seelsorgliche Betreuung der Heimatvertriebenen auf große Schwierigkeiten stoße. Die Lagerleitung des Durchgangslagers Marienthal bei Helmstedt habe sich schon einige Male an das Bischöfliche Generalvikariat in Hildesheim mit der Bitte gewandt, einen Priester für die Seelsorge ins Lager zu senden, da zu dieser Zeit sehr viele Katholiken aus Oberschlesien eintrafen. Die Diözese konnte aber dieser Bitte bisher nicht entsprechen. Ich habe mich daraufhin spontan für diese Aufgabe zur Verfügung gestellt.

Die Tätigkeit als Lagerpfarrer des Durchgangslagers Marienthal bei Helmstedt

Für die Heimatvertriebenen, die in den Jahren 1945 bis 1947 und in den Jahren danach in die britische Zone eingeschleust wurden, sind drei Durchgangslager eingerichtet worden. Es waren das Lager Friedland bei Göttingen, das Lager Bohlendamm bei Uelzen und das Lager Marienthal bei Helmstedt. Das

Lager Marienthal befand sich direkt an der Zonengrenze am Rande eines ehemaligen Flugplatzes. Die früheren Werkstätten und Hallen boten genügend Raum für die Unterbringung der ankommenden Transporte. Für die nötigen Dienste waren zusätzlich noch mehrere Holzbaracken aufgestellt worden. Es stand auch eine größere Baracke für gottesdienstliche Zwecke zur Verfügung. Das Lager unterstand dem britischen Major Johnson. Die eigentlichen Aufgaben wurden durch deutsches Personal ausgeführt. Am 1. Juli 1946 habe ich, angeregt durch den damaligen Caritasdirektor der Diözese Hildesheim, Adalbert Sendker, meine Tätigkeit im Lager Marienthal aufgenommen.

Bisher war dort noch kein katholischer Priester eingesetzt. Es war lediglich eine Caritasstelle vorhanden, die in einer Baracke untergebracht war und von zwei Vinzentinerinnen betreut wurde. Es waren die beiden aufopferungsvollen Seelen Schwester Luziana und Schwester Rudolfa. Sie freuten sich natürlich sehr, daß nun auch ein katholischer Priester eingetroffen war, um ihnen und den Vertriebenen beizustehen, dies um so mehr, als schon seit einigen Monaten der evangelische Pastor Erwin Glow mit einer Station der Inneren Mission und ein Zeuge Jehovas im Lager tätig waren.

Jede Woche trafen drei bis vier Transporte mit Heimatvertriebenen, von Kohlfurt kommend, an der Rampe des Lagers ein. In jedem Transport befanden sich etwa 1500 Personen, die zusammengepfercht in Güterwaggons, erschöpft, ausgehungert und durchfroren nach einwöchiger Fahrt mit den ihnen noch verbliebenen Sachen in Marienthal eintrafen. Sie wurden bei ihrer Ankunft durch die Lagerleitung begrüßt und zu ihren Unterkünften geleitet. Die Innere Mission, die Caritas und die Arbeiterwohlfahrt traten dann gleich in Aktion. Viele alte Leute waren bei der Ankunft so erschöpft, daß sie gestützt werden mußten, weil sie die kleine Strecke bis ins Lager allein nicht geschafft hätten. Fleißige Hände waren behilflich, den alten

Menschen die Koffer mit den wenigen Habseligkeiten und die Betten, die in Ballen zusammengebunden waren, nachzutragen. Nach Ankunft eines Transportes erfolgten dann Registrierung, Entlausung durch Besprühen mit DDT-Pulver und Austeilung von Verpflegung. Im Lager befand sich auch eine Polizeistelle, die für die Sicherheit zuständig war und die auch Beschwerden entgegennahm, wenn besonders grausame Fälle im Rahmen der Vertreibung vorgekommen waren. Für die medizinische Betreuung sorgte ein Lagerarzt. Eine Devisenstelle der Engländer forschte nach Devisen oder Gold, welches abgegeben werden mußte. Ich habe es des öfteren erlebt, daß Goldstücke abgegeben worden sind, die man nur unter größten Schwierigkeiten herübergerettet hatte. Einmal sah ich, daß ein schlesischer Bauer zwanzig blanke Goldstücke auf den Tisch gelegt hat, um dafür dann wertlose Reichsmark zu erhalten. Wenn man bedenkt, daß der Besitz von Goldstücken von den Nazis mit schwersten Strafen bedroht worden war und die Polen darauf versessen waren, der wird mein Entsetzen begreifen, daß sich nun die Engländer noch an Vertriebenen bereichern wollten. Ich habe daraufhin später viele warnen können und sie darauf aufmerksam gemacht, daß sie vor ihrem Gewissen nicht verpflichtet wären, Werte, die sie bisher gerettet hätten, abzugeben.

Da bis zur Weiterreise eines Transportes in die einzelnen Kreise und Städte der britischen Zone manchmal zwei bis drei Tage vergingen, hatten die Ankömmlinge etwas Zeit, sich auszuruhen. Viele kamen dann in unsere Caritasstelle, wo wir ihnen entsprechend unseren schwachen Möglichkeiten halfen. Da man ihnen in der Heimat fast alles geraubt hatte, waren Wäsche, besonders auch für Kleinkinder, Schuhwerk und sonstige Bekleidung sehr gefragt. Viele kamen auch, um sich Rat zu holen und ihre Last für einen neuen Anfang abzuschütteln. Ich habe oft bis tief in die Nacht Beichten gehört. Die hl. Messen und Andachten in der Lagerkirche waren stets sehr gut besucht.

bei der Kreisverwaltung und der britischen Behörde brachte helle Aufregung.

Meine Bemühungen, Transporte mit vorwiegend katholischen Christen in katholische Gegenden und evangelische Christen in evangelische Gegenden zu leiten, scheiterten wegen angeblich zu großer Schwierigkeiten. So sind oft Katholiken in evangelische Gegenden und evangelische Christen in katho lische Gegenden geleitet worden. Gottes Vorsehung! Voraussetzung für ein besseres gegenseitiges Sichkennenlernen der christlichen Konfessionen und eine Wiedervereinigung im Glauben!

Ein Jahr lang durfte ich meinen Landsleuten im Lager Marienthal bei ihrer Ankunft im Westen beistehen. In dieser Zeit sind mir etwa 150 000–180 000 Menschen begegnet. Ich habe die Not der Vertreibung in ihrer ganzen Tragödie mitbekommen. Die Belastung war für die beiden Vinzentinerinnen und für mich sehr groß. Wenn ich des Nachts vom Lager nach Grasleben zum Klostergut heimging, wo ich im Hause des Pächters des Klostergutes Henze ein Zimmer hatte, fragte ich mich manchmal: „Wie lange willst du diesen Streß noch durchhalten?" Zu meiner Aufgabe gehörte damals auch noch die Betreuung jener Heimatvertriebenen, die bereits in Grasleben, in Heidwinkel, in Querenfort und im Marienthal-Dorf und -Kloster eine endgültige Bleibe gefunden hatten. Ich feierte hl. Messen in der Hauskapelle des Klostergutes, im Lager Heidwinkel, im Durchgangslager Marienthal und ab und zu im Kloster Marienthal.

Von einem Erlebnis möchte ich noch berichten. An einem Vormittag war ein Transport abgefertigt worden. In Güterwagen waren die Heimatvertriebenen wie immer angekommen, in einem Personenzug sind sie mit guten Wünschen von uns nach Westen verabschiedet worden. Ich hatte noch etwas Zeit bis zum Mittagessen, das die Schwestern stets auch für mich bereiteten, wenn ich im Lager war.

193

So wollte ich das schöne Wetter ausnutzen und am Rande des Flugplatzes brevierbetend entlanggehen. Am Ende des Flugplatzes begann der Wald. Als ich dort angekommen war und gerade umkehren wollte, trat ein russischer Soldat mit vorgehaltener Maschinenpistole aus einem Gebüsch auf mich zu und wollte mich tiefer in den Wald hineinziehen. Ich wehrte mich natürlich und erklärte ihm, daß ich mich auf dem Gelände der britischen Zone befände und gar nicht daran dächte, mit ihm mitzugehen. Ich sagte ihm auch, daß er große Schwierigkeiten bekommen würde, da ich als katholischer Lagerpfarrer im Durchgangslager Marienthal, das den Briten unterstehe, tätig sei. Da ließ er mich los und verschwand rasch im Wald, in dem die Zonengrenze verlief.

Im Mai 1947 wurde das Durchgangslager geschlossen, und alle Transporte in den Westen wurden danach über Uelzen und Friedland geleitet. Damit war für mich die Aufgabe beendet. Mir ist in dieser schweren Zeit klargeworden, daß mein Leben fortan im Dienste der Heimatvertriebenen stehen müßte. So bin ich gern dem Rufe des Bischofs Dr. Josef Godehard Machens von Hildesheim gefolgt und habe die große Diasporagemeinde Hessisch-Oldendorf im Weserbergland übernommen, wo 5 000 Katholiken in 27 Ortschaften untergekommen waren. Es war mein Bestreben, den Ausgebombten und Evakuierten aus Aachen und Gelsenkirchen und den Vertriebenen aus dem deutschen Osten eine neue Heimat zu schaffen. So entstanden Kirchen und Pfarrheime in Hessisch-Oldendorf, Fischbeck und Großenwieden und mit Hilfe des Stephanswerkes und des Siedlungswerkes Adolf Kolping zahlreiche Eigenheime in Hessisch-Oldendorf und Fischbeck. Durch meine 35 Jahre währende Tätigkeit in der Pfarrgemeinde, das gute Einvernehmen mit den Bürgern der Stadt, die Zusammenarbeit mit den Behörden der Stadt und des Landkreises und den evangelischen Pastören ist mir Hessisch-Oldendorf zur zweiten Heimat geworden.

Die Aufnahme der Flüchtlinge und Heimatvertriebenen in den westlichen Besatzungszonen

Die Flüchtlinge und Heimatvertriebenen waren in ein Land gekommen, das durch die Einwirkung des Krieges schwer gelitten hatte. Ganze Städte waren durch den Abwurf von Phosphorbomben und Luftminen in Schutt und Asche gesunken. Viele Vertriebene mußten, nachdem sie durch das Durchgangslager geschleust und auf die einzelnen Städte und Dörfer zur Unterbringung verteilt worden waren, zuerst noch längere Zeit in Massenquartieren, ehemaligen Holzbaracken, notdürftig hergerichteten Unterkünften oder in Gasthaussälen auf engstem Raum mit all den damit verbundenen Problemen leben.

Mehr Glück hatten diejenigen, die gleich bei ihrem Eintreffen in einer Gemeinde in Wohnungen von Einheimischen oder in Häuser von Bauern eingewiesen wurden. Die Aufnahme war allerdings bisweilen alles andere als freundlich. Manche Einheimische haben sich gegen eine Belegung ihres Wohnraumes gewehrt, so daß die Einweisungen sogar polizeilich vorgenommen werden mußten, was dann einen latenten Spannungszustand zwischen den Einheimischen und Ankömmlingen bewirkte.

Dazu kam, daß die Flüchtlinge und Heimatvertriebenen als „Habenichtse" eintrafen und nur das besaßen, was sie am Leibe trugen. Sie waren die modernen Proletarier und wurden wegen ihres sozialen Status als eine kulturell minderwertige Schicht angesehen. Gar nicht selten wurden sie als Pack und in Unkenntnis der Geschichte und der Situation im Osten als Polaken beschimpft. Wegen ihrer armseligen Kleidung, ihres Dialektes, der in verschiedenen schlesischen Gegenden gesprochen wurde, und nicht zuletzt wegen der Zugehörigkeit zu einer anderen Konfession wurden sie als Fremdlinge angesehen.

Das wiederum hatte zur Folge, daß sie sich als Familie und heimatvertriebene Gruppe noch fester zusammenschlossen. Sie litten um so mehr unter dem Verlust der Heimat, je mehr man sich ihnen verweigerte, und ersehnten die baldige Heimkehr. Die ältere Generation, die Landwirte und alle, die in ihrer Heimat große Vermögenswerte zurücklassen mußten, waren davon besonders betroffen. Damals waren fast alle Deutschen überzeugt, daß nach dem baldigen Friedensschluß die Heimatvertriebenen wieder in die Heimat zurückkehren dürften. Als ich vom Bischof Dr. Josef Godehard Machens, Hildesheim, im Mai 1947 den Auftrag erhielt, nach Hessisch-Oldendorf zu gehen und mich um die vielen dort untergekommenen Landsleute zu kümmern, bat er mich, ein Kirchhaus zu bauen, in dem unten eine Kapelle und im ersten Geschoß eine Wohnung für den Priester eingerichtet werden könnte; eine große Kirche sollte man nicht planen, da mit einer Rückkehr der Heimatvertriebenen zu rechnen sei. Es gab unter den Flüchtlingen und Heimatvertriebenen einige, die ihre Koffer und Kartons erst gar nicht auspacken wollten, weil sie glaubten, daß sie doch bald wieder in die Heimat zurückkehren könnten.

Auch den Geistlichen beider Konfessionen ist damals nicht immer ein freundlicher Empfang bereitet worden, weder den katholischen, die in eine evangelische Gegend, noch den evangelischen, die in eine katholische Gegend gekommen waren. Anfänglich gab es allenthalben noch eine gewisse Zurückhaltung und Mißtrauen. Zwar sind von den kirchlichen Behörden Weisungen an die einzelnen Pfarrämter ergangen, der anderen Konfession die Kirchen und kirchliche Räume für Gottesdienste zur Verfügung zu stellen, aber vor Ort wurden nicht selten große Einschränkungen durch Pastöre und Kirchenvorstände je nach ihrer Einstellung gegenüber der anderen Konfession gemacht. Es hat lange gedauert, bis schließlich durch ein besseres Sichkennenlernen und durch gemeinsame Tätigkeiten in den verschiedensten Bereiches des Lebens an Stelle des

196

Mißtrauens und der Ablehnung Anerkennung, Achtung, ja Freundschaften zwischen Einheimischen und Heimatvertriebenen traten. Hierzu haben alle Vertreter des Volkes, die Behörden, die Organisationen der Vertriebenen, die Wohlfahrtsverbände und nicht zuletzt die Kirchen einen wesentlichen Beitrag geleistet.

Mit besonderem Eifer haben sich die Vertriebenen am Aufbau der Bundesrepublik beteiligt. Sie haben nicht die Hände in den Schoß gelegt und auf bessere Zeiten gewartet, sondern durch ihre Mitarbeit das Wirtschaftswunder mitermöglicht. Wie das geschah? Churchill, der sich überzeugen wollte, wie die Deutschen mit der ihnen aufgebürdeten Riesenlast fertig werden, besuchte das Ruhrgebiet und die zerstörten Städte. Daheim angekommen, berichtete er: „Die Deutschen hungern wie die Sklaven, hausen zwischen Trümmern und in Höhlen wie die Menschen der Eiszeit und arbeiten wie die Teufel. Sie kommen wieder hoch – trotz allem."

Die Bemühungen der Kirche, die Vertreibung von 15 Millionen Menschen aus ihrer Heimat zu verhindern

Man hätte gewiß mehr Solidarität von den Christen in aller Welt erwarten dürfen, als ruchbar wurde, was sich in den östlichen Provinzen Deutschlands nach dem Zweiten Weltkrieg abspielt. Wir können heute der Welt nicht den Vorwurf ersparen, daß sie geschwiegen hat, als 15 Millionen Deutsche nach langen Leiden, ausgeraubt und gedemütigt über die westliche Neiße getrieben wurden, wovon über zwei Millionen ums Leben kamen. Es ist sehr zu bedauern, daß die Christen in der Welt damals wie heute nicht mehr Solidarität bekundet haben und bekunden, wenn ihre Brüder und Schwestern in einem Land unterdrückt, verfolgt und gemordet werden.

Die polnische Kirche hat sich mit den Maßnahmen der kommunistischen Regierung zur Einverleibung der deutschen Ostprovinzen und der Beraubung und Vertreibung der Millionen Deutschen aus ihrer angestammten Heimat und mit der damit verbundenen Not einverstanden erklärt, wiewohl ich der Meinung bin, daß weder der polnischen Kirche noch dem einfachen, gläubigen polnischen Menschen die geübten Grausamkeiten und Morde an Deutschen angelastet werden dürfen. Sie waren das Werk der kommunistischen Miliz und von Kriminellen. Natürlich hat lange geschürter Haß auch sonst nicht kriminell veranlagte Menschen zu grausamen und unchristlichem Verhalten getrieben.

Was hat der Papst, die höchste Autorität der Kirche, und was haben die deutschen Bischöfe getan, um die Vertreibung mit all ihren Grausamkeiten zu verhindern oder wenigstens zu mildern? Zunächst muß mit aller Deutlichkeit gesagt werden, daß die Kirche eine moralische Autorität ist und Diktatoren, atheistische zumal, sich durch nichts in ihren Plänen beeinflussen lassen. Hitler hat sich weder durch die großartige Enzyklika Pius' XI. „Mit brennender Sorge" noch durch die Hirtenbriefe des Bischofs von Münster Graf von Galen noch durch die zahlreichen Eingaben von Kardinal Bertram von seinen wahren Absichten abbringen lassen. Wenn überhaupt, dann waren es nur kosmetische Zugeständnisse. Oft zeigte er sich sogar verhärteter. Als die Bischöfe der Niederlande gegen die Absicht der Nazis, die niederländischen Juden nach dem Osten zu verfrachten, in einem Hirtenwort protestierten, wurden 300 katholische Ordensleute aus den Niederlanden, die aus dem Judentum zum katholischen Glauben konvertiert waren, ergriffen und nach Auschwitz gebracht, wo sie den Tod fanden. Darunter war auch Edith Stein. Es ist bekannt, daß der Diktator Stalin seine Pläne mit großer Entschlossenheit selbst gegen die Alliierten durchgesetzt hat. Als man Stalin auf die Appelle des Papstes hingewiesen hat, soll er gefragt haben: „Wieviel Divisionen hat der Papst?"

Papst Pius XII. hat durch den Konsistorialrat Dr. Kaps und durch mehrere deutsche Bischöfe, die anläßlich von Ad-limina-Besuchen nach Rom gereist waren, genauestens informiert, sein Bedauern zum Ausdruck gebracht und die Vertreibung mißbilligt. Er hat dies in einem Schreiben vom 29. Januar 1946 betont: „Da Wir . . . die überaus traurigen Ereignisse gut kennen, die sich im Osten von Deutschland bis in die letzten Monate abgespielt haben, richten wir an alle die eindringliche Mahnung, daß sie nicht Gewalt mit Gewalt zurückschlagen, daß vielmehr die Kraft des Rechtes antworte und ebenso, daß ein unparteiisches Urteil in Gerechtigkeit gefällt und mit denen, die in Wirklichkeit schuldig und darum strafbar sind, nicht auch jene bürgerlichen Kreise vermengt werden, die wie die anderen Nationen so auch bei Euch durch keine Kriegsschuld und durch keine Verbrechen belastet sind. Daß doch der gemeinsame katholische Glaube, den die meisten dort bekennen, die Feuergluten des Hasses und der gegenwärtigen Spannung, die überall grauenhaft auflodern, zurückzuhalten und zu bändigen imstande sei, und auf diese Weise ein Weg gebahnt werde zur Versöhnung und Liebe, das ist Unsere Meinung."

Die deutschen Bischöfe haben sich gleich nach Bekanntwerden der Ereignisse im Osten in einem Aufruf an die Weltöffentlichkeit gewandt und um Einflußnahme bei den Verantwortlichen gebeten, die Vertreibung zu stoppen und rückgängig zu machen. Dieser Aufruf wurde von allen Kanzeln der westdeutschen Diözesen verlesen.

Die westdeutschen Bischöfe und ihre Caritasverbände haben gleich alles getan, was in ihrer Macht lag, den Ankommenden geistlichen Trost und materielle Hilfe zukommen zu lassen. Für die meisten Vertriebenen war die Kirche im Osten ihre geistige Heimat. Es war ihr größter Trost, wenn sie schon bei ihrer

Ankunft im Westen einem Priester begegneten, der sich ihrer annahm und auf die Möglichkeiten zum Gottesdienst hinwies, dies besonders bei den Vertriebenen, die in die Diaspora gekommen waren.

Ein Gang durch die Geschichte Schlesiens
Schlesien – deutsches Land

Immer wieder können wir seit 1945 hören, und dies selbst von Vertretern der polnischen katholischen Kirche, von denen man mehr geschichtliche Kenntnisse erwarten darf: „Schlesien ist altes polnisches Land, und es ist ein Akt der Gerechtigkeit, daß dieses Gebiet wieder mit der ‚Mutter Polen' vereinigt worden ist. Wir werden es niemals mehr verlassen." Man soll natürlich niemals „niemals" sagen. Die Aussage: „Schlesien ist altes polnisches Land" widerspricht der historischen Wahrheit.

Über Ostgermanien haben die römischen Schriftsteller Cäsar († 44 v. Chr.), Plinius der Ältere († 79 n. Chr.), Tacitus († 120 n. Chr.) sowie die griechischen Schriftsteller und Geographen Strabs († 28 n. Chr.), Plutarch († 125 n. Chr.), Ptolomäus († 170 n. Chr.) und Prokopius († 559 n. Chr.) berichtet. Ihre Berichte sind durch archäologische Funde bestätigt. Sie besagen, daß lange vor der christlichen Zeitrechnung Schlesien und der deutsche Osten von germanischen Stämmen besiedelt war. Man kann mit großer Sicherheit annehmen, daß seit 700 v. Chr. Germanen im schlesischen Raum lebten. Darauf deuten die Steinkistengräber und Gesichtsmasken hin, die dort gefunden wurden. Diese sind kennzeichnend für die frühgermanische Kultur, die im 4. Jahrhundert v. Chr. wieder aufhört.

Im 4. Jahrhundert v. Chr. waren Kelten von Böhmen und Mähren in Schlesien eingewandert. Die Kelten waren ein indo-

200

germanischer Volksstamm. Sie wohnten ursprünglich in Süddeutschland und in Ost- und Mittelfrankreich. Auf mehreren Wanderungen überfluteten sie ganz Frankreich, Teile Spaniens und Norditaliens. Ihre größte Ausdehnung hatten sie im 3. Jahrhundert v. Chr., als sie fast alle Balkanländer bis Kleinasien durchzogen. So ließen sich auch Kelten in Böhmen, Mähren und in Schlesien nieder. Im 1. Jahrhundert v. Chr. wurden sie durch die aus Jütland und Skandinavien eingedrungenen Wandalen aus Schlesien verdrängt. Die Wandalen sind aus der Kultgemeinschaft der Lugier hervorgegangen. Ihre Zweigstämme, die Asdinger und Silinger, haben sich zu beiden Seiten der Oder niedergelassen. Um das Jahr 375 n. Chr. wurden sie in die von den Hunnen ausgelöste Völkerwanderung hineingerissen. Sie zogen bis nach Spanien und Nordafrika, wo sie im 5. Jahrhundert ein großes Reich begründet haben, das Spanien, Afrika, die Balearen, Korsika und Sardinien umfaßte. Sie sind aber dort, entnervt durch Klima, Krankheiten, Genuß und Krieg, allmählich untergegangen. Ein Teil der Asdinger hat sich bei der Wanderung zum Westen von der Hauptgruppe getrennt und ist nach Ungarn in die Gegend oberhalb der Theiss gezogen. Ein Teil der Silinger war in Schlesien am Zobtenberge und in den Landstrichen des Altvatergebirges zurückgeblieben, wo sie die alten Überlieferungen treu bewahrt haben. Nach ihnen wurde das Land dann Schlesien genannt.

Im 1. Jahrhundert n. Chr. lebten an der Weichselmündung die Goten, weiter südlich die Skiren, an der Netze und Warthe die Burgunder, in Pommern die Rugier, in Schlesien links der Oder die Asdinger und rechts der Oder die Silinger. Über eintausend Jahre lebten also Germanen in Schlesien.

Erst um 600 n. Chr. wanderten Slawen aus ihrer Urheimat zwischen Karpaten, dem Pripiet und dem mittleren Dnjepr in das von den Germanen zum größten Teil verlassene Gebiet ein. Die dort noch verbliebenen Reste der Silinger vermengten sich mit ihnen und bildeten neue Stämme.

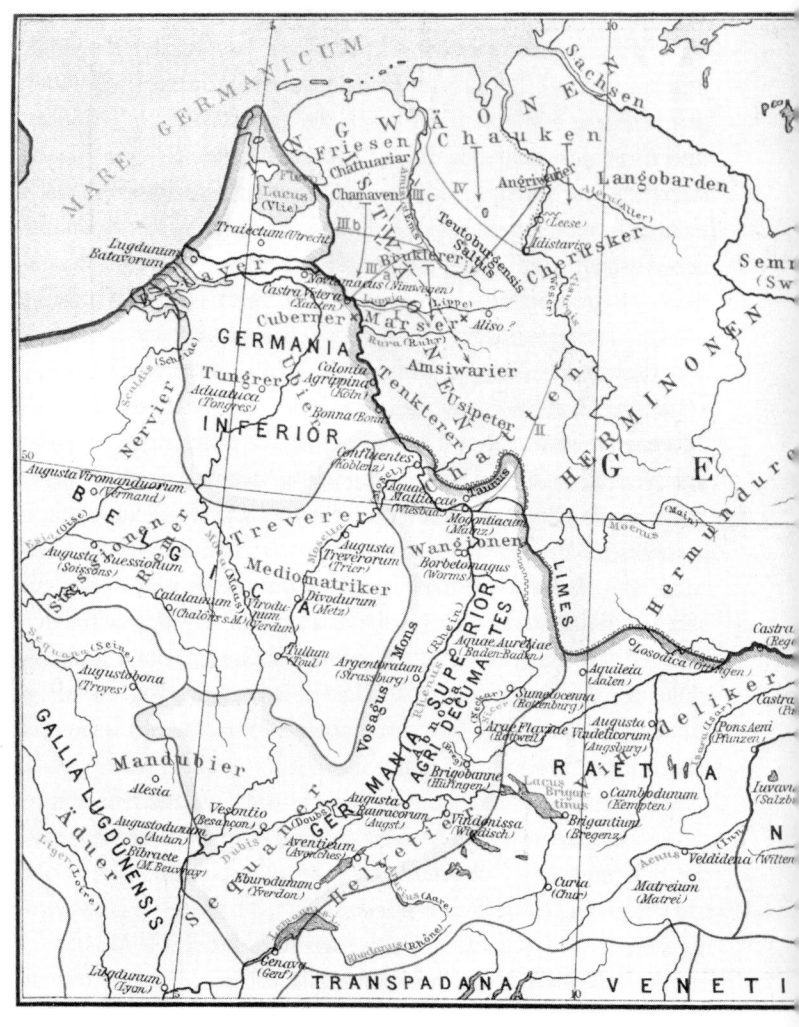

Germanien zur Zeit des Tacitus (Ende des 1. Jahrhunderts)

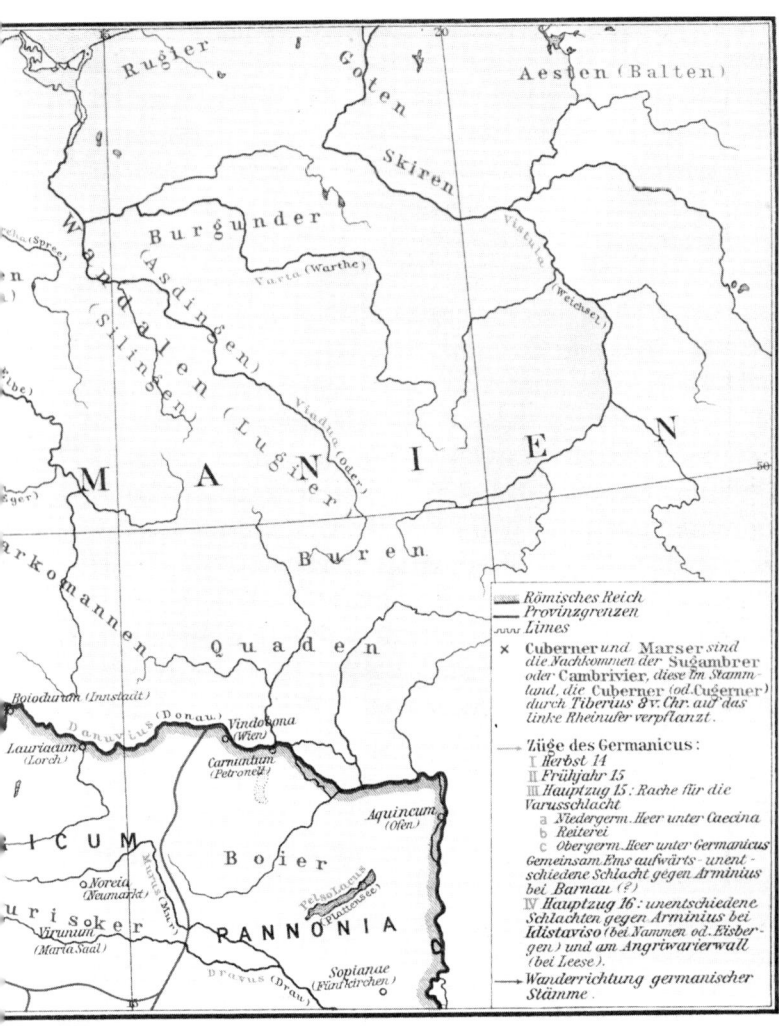

(Aus: Der Große Herder, fünfter Band, Freiburg, 1933)

203

Für eine einheitliche slawische Besiedlung Ostdeutschlands gibt es keine Anhaltspunkte. Erst im 9. Jahrhundert werden slawische Stammesgruppen in Schlesien angetroffen. In diese Zeit fällt auch die erste bestätigte Nachricht über slawische Reiche. Der mährische Herzog Swatupluk machte sich im Jahre 871 von König Ludwig dem Deutschen unabhängig und dehnte den Umfang seines Gebietes weit aus. Er begründete durch die Erwerbung Böhmens das Großmährische Reich, das sich im Norden bis an die Oder ausdehnte. Es wurde in den Jahren 906–908 durch das Böhmische Reich abgelöst. Damals und in der Folgezeit war Schlesien mit dem südlich benachbarten Slawenreich verbunden.

Der böhmische Herzog Wratislaus I. (894–921) hatte seine Herrschaft über einen großen Teil Schlesiens ausgedehnt. Er hatte zur Sicherung des Oderüberganges in der Gegend des Einflusses von Ohle, Lohe, Weistritz und Weide ein Kastell gegründet. Um dieses Kastell hatte sich eine Siedlung gebildet, die nach dem Gründer Wratislavia genannt wurde. So entstand Breslau.

Zwischen Weichsel und Oder gründete um 950 der Herzog Dago, auch Misiko, von den Polen Mieszko genannt, das erste politische Gemeinwesen. Mieszko I. war wahrscheinlich ein Normannensproß. Pole heißt bei den Polen das Feld. „Polani" waren also Bewohner auf dem flachen Felde – Landbewohner. Den Namen „Polen" findet man erst im 11. Jahrhundert in den Quedlinburger Annalen und bei Thitmar von Merseburg. Dieses Polenreich umfaßte damals die späteren Provinzen Gnesen, Posen, Kalisch, Kujavien (die Gegend des Kulmer Landes zu beiden Seiten der Weichsel) und Masovien (das Gebiet nördlich von Warschau). Schlesien, Pommern und das Krakauer Land gehörten nicht dazu. Im Jahre 963 wurde Mieszko von Markgraf Gero besiegt, dem Deutschen Reich tribut- und später als Freund des Kaisers lehenspflichtig. Im Jahre 968 ließ er sich taufen. Kaiser Otto I. stiftete 968 das Bistum Posen, das in den

Deutschen Jordan und Unger seine ersten Bischöfe erhielt. Um das Jahr 990 entriß Mieszko mit deutscher Hilfe den Böhmen Mittel- und Niederschlesien und dehnte sein Reich bis zur Queis-Bober-Linie aus. Die Grafschaft Glatz blieb bei Böhmen. Oberschlesien und das Krakauer Land wurde von den Polen den Böhmen entrissen, als nach dem Tode von Boleslaus II. (972–999) in Böhmen Thronstreitigkeiten ausbrachen. Im Jahre 1000 begab sich Kaiser Otto III. mit großem Gefolge von Rom aus nach Gnesen zum Grabe seines Freundes Adalbert, der drei Jahre zuvor heiliggesprochen wurde. Dort errichtete er im Einvernehmen mit Papst Silvester II. das Erzbistum Gnesen, dem er die ebenfalls gegründeten Bistümer Breslau, Kolberg und Krakau unterstellte. Herzog Boleslaus, Lehnsmann und Freund des Reiches, übertrug er bei der „Friedensfeier" in Gnesen das Amt eines Patrizius mit der Sorge für die Kirche und die Armen. Diese reichsrechtliche Funktion bedeutete nicht „Königskrönung", wie manche irrtümlich meinten, sondern eine noch stärkere Bindung an das Römische Reich. Die kirchliche Verbindung des Bistums Breslau mit der Metropole Gnesen wurde seit 1342 allmählich lockerer und erlosch de jure 1732. Die schlesische Diözese wurde dem Heiligen Stuhl unmittelbar unterstellt (exemt). Im Jahre 1821 wurde die exemte Stellung des Bistums nochmals durch eine Bulle bestätigt.

Das Polenreich wurde nach dem Tode eines Herzogs jeweils unter den Söhnen aufgeteilt. Daher zerfiel das Land bald in eine Reihe kleiner unselbständiger Teilherzogtümer. Der Senior unter den Herzögen erhielt zusätzlich zu seinem Herzogtum noch das Gebiet von Krakau und eine Art Oberherrschaft über die einzelnen Teilherzogtümer. Er repräsentierte so die Einheit dieses Reiches.

Der schlesische Herzog Wladislaw II. war im Jahre 1138 Senior geworden. Weil er sich aber gegen seine Brüder nicht durchsetzen konnte, flüchtete er mit seiner Familie. Er begab sich zu seinem Lehnsherrn, dem deutschen König Konrad III. Dieser konnte, da er damals in Italien und auch mit der Durchführung des zweiten Kreuzzuges beschäftigt war, die Ansprüche Wladislaws II. nicht durchsetzen. Dies tat erst Kaiser Friedrich I. Barbarossa, der im Jahre 1157 mit einem Heer in Schlesien einrückte. Da inzwischen Wladislaw II. gestorben war, verschaffte Kaiser Friedrich I. 1163 seinen Söhnen die Herrschaft über Schlesien. Boleslaus I., der Lange, erhielt Mittelschlesien, sein Bruder Konrad Niederschlesien und Mesko Oberschlesien. Nach dem Tode Konrads erhielt Boleslaus I. auch Niederschlesien.

Der Aufenthalt der schlesischen Herzogsfamilie im Deutschen Reich in Altenburg war von größter Bedeutung für das Herzogshaus und später für ganz Schlesien. Dadurch wurden die Verbindung mit dem Kaiser und dem Reich vertieft, Ehebündnisse mit deutschen Prinzessinnen geschlossen, die deutsche Sprache gesprochen und vertieft, die deutsche Kultur schätzen- und vor allem auch das hohe Niveau der deutschen Landwirtschaft und des Städtebaues kennengelernt. So brachte die Rückkehr der herzoglichen Familie im Jahre 1163 nach Schlesien eine noch viel stärkere Ausrichtung zum Deutschen Reich. Schlesien wurde zwar noch nicht juristisch, aber faktisch aus dem polnischen Reich gelöst. Es begann die große Wiederbesiedlung des deutschen Ostens durch Siedler, die aus dem Deutschen Reiche und dem übrigen Abendland ins Land gerufen wurden. Als der eigentliche Vater dieser großen Kolonisationsbewegung kann wohl Herzog Heinrich I., der Gemahl der hl. Hedwig, bezeichnet werden. Die Besiedlung des ostdeutschen Raumes ging so vor sich: Ein Unternehmer, Lokator genannt, führte in der Regel die Verhandlungen zwischen dem Landesherrn und den Siedlern. Ihm wurde der Platz für die neue Siedlung angewiesen, mit ihm auch der Vertrag geschlossen, der die Bedingungen enthielt. Der Lokator hatte dann die Ansiedler zu werben, ihren Umzug aus der Heimat zu leiten und den einzelnen ihr Ackerland zuzuweisen. Das erforderte natürlich viel Umsicht und Energie und auch ein bedeutendes Betriebskapital. Deshalb hatte der Lokator auch große Vorteile. Glückte die Siedlung, erhielt er ein Sechstel als erblichen und zinsfreien Besitz. Er wurde der Schulze – der Vorsteher des neugegründeten Dorfes und hatte als solcher die niedere Gerichtsbarkeit. Auch das Schank- und Verkaufsrecht, z. T. auch das Jagd- und Fischereirecht standen ihm zu.

Den Siedlern wurde ein Landstück von der Größe einer Hufe zugewiesen, das so groß war, daß es mit einem Pflug bearbeitet werden konnte und für den Unterhalt einer Familie ausreichte. Die Häuser der neu angelegten Dörfer baute man meist in langer Reihe zu beiden Seiten der Dorfstraße oder am Bach entlang. Die Siedler standen sich rechtlich gut. Es war selbstverständlich, daß sie von den menschenunwürdigen Lasten des polnischen Rechtes nicht betroffen waren. Nur im Fall der Bedrohung des Landes hatten sie dem Aufruf des Herzogs zur Verteidigung des Landes zu folgen. Die Hufe war ihr erblicher Besitz. In den ersten Jahren waren sie abgabenfrei, später mußten sie einen geringen Jahreszins, ein bestimmtes Maß Getreide von der Hufe, manchmal auch eine Geldabgabe in der Höhe einer Viertelmark Silber entrichten.

In ähnlicher Weise wurden auch die Städte gegründet. Auf Grund eines Vertrages mit dem Lehnsherrn steckte der Lokator auf grünem Rasen erst den Marktplatz oder Ring ab, teils in der Form eines Quadrats, teils in der eines Rechteckes. Am Ring wurden die Häuser für Verwaltung und Gerichtsbarkeit, aber auch für Handel und Gewerbe errichtet. Der Platz für die Kirche lag etwas seitlich vom Ring und von diesem durch einen Häuserblock getrennt, damit der geräuschvolle Marktverkehr den Gottesdienst nicht störe und auch um die Kirche Raum für den Friedhof sei. Von den Ecken des Marktes, der oft genau nach den Himmelsrichtungen orientiert war, gingen die Straßen gradlinig bis zum Stadttor, durch schmälere, rechtwinklig anschließende Querstraßen verbunden. Die Stadt wurde durch Erdwälle und Gräben, später durch Mauern geschützt. Wenn es möglich war, wählte man einen Platz, der schon von Natur aus eine gewisse Befestigung bot, z. B. durch seine Lage an einem hohen Flußufer oder auf dem Landdreieck, das durch den Einfluß eines Nebenflusses in den größeren Fluß entstanden war. Innerhalb der Stadtumwallung wurden dann vom Lokator den Bürgern die Hausstätten angewiesen. Auch die Bürger waren frei, zahlten nach Ablauf der Freijahre dem Landesherrn eine mäßige Abgabe, an deren Stelle häufig eine Pauschalsumme für die ganze Stadt trat. Sie hatten eine eigene Verfassung und Selbstverwaltung, das sogenannte Magdeburger Recht, oder seine dem Osten angepaßte Form, das Neumarkter Recht. So sind in einer Zeitspanne von kaum mehr als 100 Jahren in Mittel- und Niederschlesien 63 deutsche Städte und etwa 1500 deutsche Dörfer entstanden. In Oberschlesien waren es dann noch 26 Städte und 213 Dörfer.

Damit war aber das Land, einige polnische Sprachinseln ausgenommen, bis zum Lauf der Oder deutsch geworden. Die Siedler hatten das in Jahren der Völkerwanderung von den Germanen an die Slawen verlorene Gebiet wieder für den deutschen Raum zurückgewonnen.

Es steht fest, daß diese Siedlungsbewegung nicht schon unter Boleslaw dem Langen erfolgte, sondern erst unter seinem Sohn Herzog Heinrich I., dem Gemahl der heiligen Hedwig, die als deutsche Prinzessin den Plan ihres Gemahls aufs wärmste begrüßt hatte.

Neben den Herzögen waren die Bischöfe von Breslau die bedeutendsten Träger und Förderer der deutschen Siedlungsbewegung. Überall entstanden in den nach deutschem Recht gegründeten Städten und Dörfern Kirchen und Pfarreien sowie zahlreiche Klöster als Zentren der Kultur.

Nach dem Einfall der Mongolen in Schlesien im Jahre 1241 wurde das zerstörte Land neu aufgebaut, ebenso auch Breslau.

Die Breslauer Bürgerschaft bestand im 13. Jahrhundert zu 45 % aus Mitteldeutschen, zu 30 % aus Niederdeutschen, zu 25 % aus Bayern. Breslau war eine deutsche Stadt. Und so war es überall. Das ganze Land hat deutschen Charakter erhalten. Prof. Dr. Brzoska schreibt: „Der Vergleich von Trentschin im Jahre 1335 war nicht etwa der Anfang des Deutschtums in Oberschlesien, wie zuweilen irrtümlich angenommen wurde, sondern war Ausdruck dessen, was es längst geworden war. Dieses Abkommen zwischen dem polnischen König Kasimir III. einerseits und dem böhmischen König Johann und seinem Sohn, dem späteren deutschen Kaiser Karl IV., andererseits bestätigte die Tatsache, daß Oberschlesien, wie auch die übrigen Herzogtümer Schlesiens, integrierter Bestandteil des Heiligen Römischen Reiches Deutscher Nation ist. Die Bestätigung wurde durch Unterschrift und Eidesleistung als unwiderruflich für ewige Zeiten bekräftigt."

Nach dem Tode des kinderlosen böhmischen Königs Ludwig im Jahre 1526 fiel Schlesien mit der böhmischen Krone an das Haus Habsburg. Dadurch ist die Verbindung mit dem Deutschen Reich noch fester geworden.

Eine neue Seite in der Geschichte Schlesiens ist durch den Preußenkönig Friedrich II., auch der Große genannt, aufgeschlagen worden. Durch Kriege eroberte er das Land Schlesien für Preußen. Im Breslauer Friedensschluß vom 11. Juni 1742 behielt Österreich lediglich die Herzogtümer Jägerndorf, Teschen und Troppau. Spätere Versuche der Kaiserin Maria Theresia, den Verlust der Gebiete wieder rückgängig zu machen, scheiterten mit dem Hubertusburger Friedensvertrag vom 15. Februar 1763. Schlesien blieb bei Preußen. Nach dem Ersten Weltkrieg wurde trotz der im Jahre 1921 stattgefundenen und für Deutschland günstigen Abstimmung Ostoberschlesien den Polen zugesprochen. Nach dem Zweiten Weltkrieg wurde von den Sowjets und dem kommunistischen Polen die polnische Westgrenze vorläufig bis an die Oder und Lausitzer

Neiße vorgeschoben. Millionen Deutsche wurden aus ihrer angestammten Heimat vertrieben.

Wer die Geschichte kennt, weiß, daß kein Land so unangefochten über 700 Jahre zum Deutschen Reich gehörte wie Schlesien.

Das Gerede polnischer Politiker, einschließlich des polnischen Klerus, von der Heimkehr Schlesiens in den Schoß der Mutter Polen entspricht nicht der historischen Wahrheit. Dies muß um so deutlicher und immer wieder betont werden, da von den Polen die ursprüngliche Begründung für die polnische Landnahme der deutschen Ostgebiete, die sogenannte Kompensationstheorie, aufgegeben wird. Sie könnte sich für Polen in der Zukunft als Bumerang erweisen. So schalten sie in letzter Zeit auf die historische Begründung (für den Raub der deutschen Ostgebiete die Vertreibung der Millionen Deutscher aus ihrer Heimat) um, daß diese Gebiete historisch zu Polen gehören, was ihnen aber kein ernstzunehmender Wissenschaftler abnehmen kann. Hier liegt für die Schulen, die Landsmannschaften und die Medien die große Aufgabe, die Wahrheit über die jahrhundertelange Zugehörigkeit Ostdeutschlands zum Deutschen Reich allen aufzuzeigen. Eines Tages wird man dann in Polen noch ein drittes Mal umschalten müssen und vielleicht die wirtschaftliche Bedeutung und Notwendigkeit der ehemaligen deutschen Ostgebiete für die Existenz Polens hervorheben. Ein solcher Gesichtspunkt freilich berechtigte niemals die Beraubung und Vertreibung von Millionen Deutschen mit nazistischen Methoden aus ihrer Heimat.

Die Forderungen Polens betreffend die deutschen Ostgebiete sind weder historisch noch juristisch, auch nicht ethisch vertretbar.

Wir streben Versöhnung mit dem polnischen Volke an und sind bereit, dafür Opfer zu bringen, aber eine Versöhnung im wahren Sinne des Wortes, die von Dauer sein soll, kann nur gelingen auf der Basis der Wahrheit und Gerechtigkeit.

Werden wir noch in diesem Jahrhundert die Wiedervereinigung Deutschlands und die mögliche Rückkehr in die schlesische Heimat erleben?

Die westlichen Nationen hofften immer wieder, daß die Sowjetunion einen Wandel zur Demokratie erfahren werde. Roosevelt war auf der Konferenz von Teheran davon fest überzeugt. Es bestand damals die Absicht, die Sowjetunion in die zu begründenden „Vereinten Nationen" aufzunehmen. Sie sollte an einer freiheitlichen Friedensordnung der Welt mitarbeiten. Aber es ist dann alles ganz anders gekommen. Die Sowjetunion ist zwar nach dem Zweiten Weltkrieg in die UNO aufgenommen worden, aber sie hat die Einheit der Völker gesprengt, indem sie versuchte, ihre Ideologie und ihren Einfluß immer weiter auszudehnen. Die Hoffnung vieler Politiker, Wirtschaftler, Militärs, Philosophen und Theologen, durch ein Entgegenkommen in vielen Bereichen einen Wandel zu erreichen, ist bisher fehlgeschlagen. Ihr Entgegenkommen ist vielmehr als Schwäche ausgelegt und ausgenutzt worden. Die Entspannungspolitik war ein Fehlschlag, jedenfalls nicht das Mittel, die Sowjetunion zu einem Entgegenkommen zu mehr Freiheit, Demokratie und Menschlichkeit zu bewegen. Schließlich hofften alle, daß das sowjetische System sich im Wettstreit der Systeme nicht behaupten und zusammenbrechen würde.

Andrej A. Amalrik, neben Solschenizyn ein bekannter Kritiker der innerrussischen Verhältnisse, hatte 1970 ein Büchlein herausgegeben mit dem Titel: „Kann die Sowjetunion das Jahr 1984 erleben?" In seinem Essay stellte er fest, daß sich in Rußland nach der Stalin-Ära, wenn auch erst in kleinen Schritten, schon ein Wandel vollzogen hat – aber nicht so sehr in den oberen Schichten und der Partei als vielmehr im Volke. Er ist der Meinung, daß sich seit 1955 bei den Arbeitern, Wissenschaftlern und Spezialisten in Rußland drei Richtungen herauskri-

stallisiert haben, auf die sich eine Opposition im Lande stützen könnte. Es sind dies:
Der wahre Marxismus-Leninismus, die liberale und die christliche Ideologie.

Der wahre Marxismus geht davon aus, daß das Regime in Moskau die Ziele der marxistisch-leninistischen Ideologie verzerrt hat, den Marxismus-Leninismus in seiner Praxis nicht anwendet, so daß für die Gesundung der Gesellschaft eine Rückkehr zu den wahren Prinzipien des Marxismus notwendig sei.

Die liberale Ideologie sieht als Endziel den Übergang zu einer demokratischen Gesellschaft westlichen Typs, wobei sie jedoch das Prinzip des gesellschaftlichen und staatlichen Eigentums beibehalten will.

Schließlich die „christliche Ideologie", die die Auffassung vertritt, daß man im öffentlichen Leben zu den Grundsätzen der christlichen Moral übergehen müsse, wobei Rußland im Sinne der Slawophilen eine besondere Rolle zukommt. Amalrik versteht freilich unter der christlichen Ideologie eine politische und keine religionsphilosophische oder gar kirchliche Doktrin.

Daß sich eine solche geistige und zum Teil auch in Ansätzen bestehende Opposition in Rußland gebildet hat, steht außer Zweifel. Die Deportationen von Regimekritikern in sibirische Straflager und in psychiatrische Kliniken beweisen dies deutlich genug, ebenso die rege Untergrundliteratur.

Eine große Schwierigkeit wird in Zukunft der Sowjetunion erwachsen durch ein neues nationales Bewußtsein. Rußland ist ein Vielvölkerstaat, der im Laufe der Jahrhunderte durch gewaltsame Eingliederung immer weiterer Gebiete entstanden ist. Es ist kein homogenes Land. Die verschiedensten Völkerschaften mit den verschiedensten Sprachen, Kulturen und Religionen sind zu einem Riesenkolonialreich vereinigt. Nationale Bestrebungen wurden stets unterdrückt.

Als die kommunistische Ideologie noch hoch im Kurs war, ging man davon aus, daß die Menschen nicht nach nationalen, sondern nach sozialen Kriterien eingeteilt werden müßten. Es sei unwichtig, ob einer Russe, Pole, Deutscher, Italiener oder Franzose sei. Entscheidend sei seine Klassenzugehörigkeit. Es komme lediglich darauf an, ob er zu den Ausbeutern oder den Ausgebeuteten gehöre. Mit dieser Formel konnte die Sowjetunion bisher alle Unabhängigkeitsbestrebungen der vielen Völkerschaften im eigenen Land unterdrücken. Dabei hatten doch gerade die nationalen Minderheiten in Rußland im Jahre 1917 gehofft, mit Hilfe der Bolschewiki aus dem zaristischen Vielvölkerstaat herauszukommen. Aber das Gegenteil ist damals eingetreten. Um die russische Herrschaft in allen Teilen des Imperiums zu sichern, betrieben die sowjetischen Machthaber eine rücksichtslose Bevölkerungspolitik, indem sie Großrussen (Weißrussen) in nichtrussischen Landesteilen ansiedelten und den nationalen Zusammenhalt der nichtrussischen Völker durch Aussiedelungen zu schwächen suchten.

Die gegenwärtige Entwicklung der nationalen Frage in der Sowjetunion zeigt aber, daß weder Russifizierungskampagnen noch Massendeportationen oder andere Maßnahmen die nichtrussischen Völker ausschalten konnten. Sie sind im Gegenteil selbstbewußter geworden und haben ihre geschichtlichen Wurzeln und kulturellen Traditionen wiederentdeckt. Schon melden sich die Krimtataren, Ukrainer, Georgier und asiatische Völker und erheben Ansprüche.

Die nichtrussischen Völker sind wegen ihrer höheren Geburtenrate auch zahlenmäßig stärker geworden. Sie bilden heute eine Mehrheit von 60 %. Die Russen selbst sind also in ihrem eigenen Land zu einer Minderheit geworden. Diese Entwicklung wird sich sicher in Zukunft noch fortsetzen. Die nationale Entwicklung birgt in sich einen bedeutenden Sprengsatz, dies um so mehr, als das Land in der Regel von Russen regiert wird. Andere nichtrussische Spitzenfunktionäre haben dabei nur eine Alibifunktion auszuüben, oder sie müssen russischer als die Russen selbst sein. Der Aufstand in Alma Ata in Kasachstan (1986) zeigt, daß die nationale Frage keine Utopie ist.

Von nicht geringer Bedeutung ist auch das Anwachsen eines neuen religiösen Bewußtseins im Volke. Marx, Engels und Lenin waren der Meinung, daß die Religionen aussterben würden, wenn der Kommunismus erst das Paradies auf Erden geschaffen haben würde. Aber die Religionen starben nicht, und das „Paradies auf Erden" entstand auch nicht. So suchte man massiv nachzuhelfen, indem man die Religionen unterdrückte, die Kirchen zerstörte oder in Lagerhäuser umwandelte, die Geistlichen deportierte und über Jahre eine große atheistische Propaganda betrieb. „Die Kirche arbeitet nicht mehr", war ein geflügeltes Wort. Anfänglich schien es so, als ob der atheistische Materialismus auch Erfolg haben würde, aber seit der Mitte der fünfziger Jahre gewinnt die Religion immer mehr an Boden. Zunächst die traditionelle russisch-orthodoxe Kirche. Tatjana Goritschewa, die selber einmal eine begeisterte Kommunistin war und sich später bekehrt hat, spricht von einer regelrechten Neugeburt des christlichen Glaubens in weiten Schichten der Bevölkerung, besonders auch der Jugend. Sie schildert dies in ihrem Buch „Von Gott reden ist gefährlich". Ich möchte auch auf das Buch von P. C. Dahm hinweisen, das den Titel hat: „Millionen in Rußland glauben". Darin wird uns ein Einblick in die religiöse Entwicklung im Lande und in den Bekennermut einzelner Christen vermittelt. Aber nicht nur die orthodoxe Kirche, auch andere christliche Bekenntnisse machen die gleiche Erfahrung.

In Rußland gibt es etwa 50 Millionen gläubige Moslems, die ein neues islamisches Selbstbewußtsein entwickeln. Sie hören vom Aufbruch des Islam in den islamischen Ländern und wollen der neuen Entwicklung nicht nachstehen. Der Einmarsch sowjetischer Truppen in Afghanistan hat nicht nur das afghanische Volk, sondern die ganze islamische Welt einschließlich der Moslems in der Sowjetunion gegen das Sowjetsystem aufgebracht.

Andrej A. Amalrik glaubte, daß die Sowjetunion bis zum Jahre 1984 zusammenbrechen würde. Nach seiner Auffassung ist eine Auseinandersetzung mit China unvermeidlich. Der russisch-chinesische Krieg mit seinen großen Opfern würde den Oppositionellen im Lande die Möglichkeit geben, den Sturz der bestehenden Verhältnisse herbeizuführen. Amalrik hat sich getäuscht. Ob nur im Zeitpunkt? Er glaubt nicht an eine Überwindung des sowjetischen Systems allein von innen her, wiewohl die Ereignisse der letzten Zeit auch einen inneren Wandel in Rußland möglich erscheinen lassen. Ob Gorbatschow mit seiner Glasnost und Perestrojka in diese Richtung oder ins Gegenteil führt, wird die Zukunft zeigen.

Wir als Christen hoffen, daß es zu keinem Krieg zwischen der Sowjetunion und China oder mit einer anderen Weltmacht kommt. Wir wollen inständig beten, daß Rußland sich bekehrt. Maria hat in Fatima den Seherkindern und damit uns allen das Gebet für die Bekehrung Rußlands dringend ans Herz gelegt. Im Gebet, Buße und Sühne liegt die große Chance für eine Bekehrung Rußlands. Maria verspricht: „Am Schluß wird mein unbeflecktes Herz siegen." Damit würde für alle unterdrückten Völker Europas die Stunde der Freiheit schlagen, die Einheit Deutschlands wiederhergestellt und die Rückkehr in die verlorene Heimat im Osten, eingebettet in ein freies Europa, Wirklichkeit werden.

Wir können damit rechnen, daß sich die Verheißung Mariens bis zum Ende dieses Jahrhunderts erfüllen wird.

Versöhnung mit Polen

Eine Ansprache des Autors dieses Buches anläßlich des Hindenburger Heimattreffens im Jahre 1985 in der Patenstadt Essen – gehalten beim Hochamt im Essener Dom.

Liebe Brüder und Schwestern in Christus! Noch niemals ist seit dem Ende des Zweiten Weltkrieges so viel und so emotionsgeladen über unsere schlesische Heimat geschrieben und gesprochen worden wie in diesem Jahre. Auch ihr weiltet sicher mehr als sonst mit euren Gedanken und Herzen in der Heimat, im Elternhaus, in der alten Schule, an den Stätten der Arbeit, seid im Geiste durch die Straßen der Stadt gegangen, dachtet an die einstigen Freunde, Verwandten und Bekannten und besuchtet im Geiste die heimatliche Kirche, mit der uns die schönsten Erinnerungen verbinden. Die Erinnerung an die Heimat hält die Liebe zur Heimat wach.

In den vergangenen Wochen und Monaten drängten sich uns natürlich auch die schweren Stunden auf, die wir vor vierzig Jahren beim Einmarsch der russischen Armee und dann durch die Polen erlitten haben. Damals sind Wunden geschlagen worden, die bei vielen heute noch nicht geheilt sind. Damals ging nicht nur der Zweite Weltkrieg zu Ende, es folgte die Tragödie der Vertreibung aus der angestammten Heimat mit all den damit verbundenen Greueltaten wie Beraubung, Verdrängung von Haus und Hof, aus Schule und Kirche, aus Werkstatt und Betrieb, Einweisung ins Lager und schließlich Transport in Güter- und Viehwagen über die Oder-Neiße-Linie.

Auch unsere Oberhirten und Seelsorger, die während der Kriegszeit dem polnischen Klerus und dem polnischen Volk in seiner bedrängten Lage in christlicher Verbundenheit – unter Gefahr für Freiheit und Leben – mit Rat und helfender Tat beigestanden haben, mußten den gleichen Weg gehen. Unsere Enttäuschung war damals groß, und wir alle haben darunter gelitten.

Heute, nach vierzig Jahren, sind wir zusammengekommen, um Gott aus ganzem Herzen Dank zu sagen, daß er uns die Kraft gegeben hat, all die Probleme, die im zerstörten Restdeutschland auf uns zugekommen waren, zu bewältigen. Im Glauben und Vertrauen an den gütigen und allmächtigen Gott, der die Geschicke der Menschen und Völker lenkt, sind wir ans Werk gegangen und haben mit dazu beigetragen, daß die Bundesrepublik zu einem blühenden Land geworden ist und wir damaligen „Habenichtse" es wieder zu etwas gebracht haben, während die Daheimgebliebenen kaum weitergekommen sind und heute unsere Hilfe benötigen. Ich sage dies in Dankbarkeit gegen Gott, der in uns das Wollen und Vollbringen bewirkt hat.

Es gibt manche, die meinen, man sollte heute, nach so vielen Jahren, alles von damals vergessen und alle Erinnerung ausmerzen, denn sonst kann es niemals zu einem Frieden und einer Versöhnung mit dem polnischen Volk kommen, was wir doch alle ersehnen. Sie meinen: „Die Erinnerung an das erlittene Unrecht ist ein Hindernis auf dem Weg zur Versöhnung."

Aber, meine lieben Landsleute, liebe Brüder und Schwestern, so nett, wie diese Gedanken sich anhören mögen und von polnischer Seite bejaht werden, sie führen nicht zu jener Versöhnung, die es verdient, als solche bezeichnet zu werden. Erfahrene Unbill und Leid würden dabei leicht in das Unterbewußtsein gedrängt werden und unbewältigt bleiben. Sie könnten später mit größerer Intensität hervorbrechen und alle gemachten Bemühungen zunichte machen. Es greift tiefer, wenn der Versöhnung die Erinnerung an das Leid und die Schulderfahrung vorausgeht oder gar lebendig bleibt. So erhält der innere Akt der Versöhnung eine Schwungkraft nach vorn, in eine Zukunft des Friedens und gutnachbarlicher Beziehungen zwischen den Völkern. Dies ist eine Erkenntnis, die von den Psychologen nur bestätigt werden kann.

Liebe Brüder und Schwestern! Inzwischen sind viele Wege beschritten worden, um das Verhältnis zwischen Deutschen und Polen zu verbessern. Es ist viel von Vergebung und Versöhnung gesprochen worden. Wir sind uns darüber klar, daß trotz leidvoller Erfahrung nicht Rache und Vergeltung das letzte Wort haben dürfen, denn dann würde der Teufelskreis nie ein Ende nehmen. Auf Rache und Vergeltung haben die Heimatvertriebenen schon 1950 in der Charta der Heimatvertriebenen verzichtet. Man muß sich nur einmal in der Zeit und Situation von damals zurückversetzen. 1950, so dicht nach der Vertreibung, noch frisch die zugefügten Wunden, dazu die große Not damals. Keine Partei, keine Gewerkschaft und keine Friedensgruppe kann auf ein solches Dokument verweisen, das zehn Jahre danach und in den letzten Jahren noch öftere Male bestätigt worden ist. Es tut bitter weh, wenn die Heimatvertriebenen, weil sie ihre Heimat lieben und sich auf ihren Heimattreffen begegnen wollen, als Revanchisten bezeichnet werden. Heimatliebe gehört zu den Grundrechten des Menschen. Kein Geringerer als der jetzige polnische Papst Johannes Paul II. sagt von der Liebe zur Heimat: „Mit unzerstörbarer Liebe sind wir dem Land verbunden, in dem wir geboren wurden." Und Kardinal Glemp, mit dessen Äußerungen betreffend die deutschen Ostgebiete wir in den letzten Jahren nicht immer einverstanden waren, sagte 1984 im Wallfahrtsort Tschenstochau: „Die Liebe zum Vaterland, das Gefühl der Gemeinschaft mit den Menschen, mit denen wir durch Sprache, Tradition, Arbeit und den Boden verbunden sind, gehört zu den christlichen Pflichten." Habt ihr es gehört? . . . gehört zu den christlichen Pflichten. Doch wohl nicht nur für die Polen, sondern auch für die Deutschen, und da besonders für die Heimatvertriebenen. Dessen sollten sich manche Journalisten, Kommentatoren in den Medien und manche Redner und Politiker hüben und drüben doch bewußt werden. Die Vertriebenen haben jedenfalls auf Rache und Vergeltung verzichtet. Dieser Verzicht ist ein Akt großer

MUTTER DER VERTRIEBENEN
BITTE FÜR UNS!

219

Selbstüberwindung und ein Zeichen großer sittlicher Kraft. Das letzte Wort soll bei uns immer Vergebung heißen. Alle Schuld, die unsrige wie auch die der anderen, wollen wir in das Erbarmen Jesu Christi aufheben, der uns zu beten gelehrt hat: „Vergib uns unsere Schuld, wie auch wir vergeben unseren Schuldigern."

Liebe Brüder und Schwestern! Es war eine ermutigende Tat, als die polnischen Bischöfe am 18. November 1965 während des Konzils in Rom einen Brief an die deutschen Bischöfe geschrieben haben und ihnen gleichsam die Hände entgegenstreckten mit den Worten: „Wir bitten um Vergebung und gewähren Vergebung." Die deutschen Bischöfe beantworteten das Schreiben am 5. Dezember 1965: „Mit brüderlicher Ehrfurcht ergreifen wir die dargebotenen Hände." Dieser Briefwechsel von 1965 ist von ebenso großer Bedeutung und so hoch einzuschätzen wie die Charta der Heimatvertriebenen aus dem Jahre 1950.

Liebe Landsleute! Vergebung schließt das Recht auf Heimat nicht aus, das zu den Grundrechten der Menschen gehört. Wir können und wollen niemals schweigen zu dem Unrecht, das in der Zeit des Nationalsozialismus dem polnischen Volk zugefügt worden ist. Wir dürfen freilich auch nicht schweigen zu dem Unrecht, das dem deutschen Volk und besonders den Heimatvertriebenen angetan worden ist. Das Schweigen wäre ein Freibrief für jene, die Unrecht taten, auch weiter Unrecht zu tun, weil sie damit rechnen, daß auch die größten Schandtaten vergessen werden und verjähren. Wir geben nicht die Hoffnung auf, daß das begangene Unrecht einmal eine gerechte Lösung durch die Fügung unseres lieben Herrgotts finden wird. Ihm vertrauen wir uns und unsere Heimat an.

Inzwischen suchen wir Wege der Verständigung und der Versöhnung. Daß dies auf der Grundlage der Wahrheit und Gerechtigkeit geschehen muß, ist doch wohl einsichtig. Zur Wahrheit gehört das ehrliche Bekenntnis der eigenen Schuld. Zur Wahrheit gehört aber auch die Anerkennung der historischen Tatsachen. Die Zugehörigkeit Schlesiens und Oberschlesiens seit fast 700 Jahren zum Deutschen Reich ist eine historische Tatsache, die nicht aufgehoben wird, auch wenn hundertmal von kommunistischer Seite und selbst von polnischen Prälaten das Gegenteil behauptet wird. Und Gerechtigkeit fordert der Respekt vor den Menschenrechten, wozu auch das Recht auf Heimat und Eigentum gehört, ebenso die Achtung vor der Menschenwürde und der Anspruch auf nationale Identität. Entnationalisierung der in der Heimat Zurückgebliebenen und ihre Umschmelzung in eine andere Kultur und in ein anderes Geschichtsbewußtsein, Verbot des Gebrauchs der Muttersprache dient nicht der Verständigung, sondern macht sie unmöglich. In dem Maße, wie es gelingt, Wahrhaftigkeit und Gerechtigkeit in den Prozeß der Verständigung zwischen beiden Völkern einzubringen und zu realisieren, in dem Maße erreichen wir das hohe Ziel der Versöhnung.

Meine lieben Brüder und Schwestern, liebe Landsleute! Viel ist in den vergangenen Jahrzehnten durch Kontakte zwischen beiden Völkern schon erreicht. Viele Zeichen der Versöhnung sind gesetzt worden durch Patenschaften und verschiedene Hilfsaktionen. Was an Hilfen durch die große Paketaktion während der Verhängung des Kriegsrechts in Polen von einzelnen, Pfarrgemeinden und den Bistümern der Bundesrepublik Deutschland geleistet wurde, können wir fast als ein Wunder der Versöhnung bezeichnen. Ich kenne Einzelpersonen und Familien, die sich selbst große Einschränkungen auferlegt haben, um möglichst viele Pakete nach Polen senden zu können. In den Pfarrgemeinden waren oft ganze Gruppen tätig, um den Ansturm für die Versendung der Hilfsgüter zu bewältigen. Die Sympathie unserer Bevölkerung für die Polen war groß und wurde auch mit Sympathie uns gegenüber beantwortet.

Meine Lieben! Wenn wir heute anläßlich unseres Heimattreffens in heimatlicher Verbundenheit und verbunden durch den gemeinsamen Glauben die heilige Messe feiern, wollen wir sehr herzlich um die Versöhnung zwischen dem polnischen und deutschen Volk beten, damit das, was zwischen beiden Völkern geschehen ist, mehr und mehr abgebaut wird. Wir wissen um die große Bedeutung des Gebetes. Nicht das Militärpotential der großen Blöcke, auch nicht die Beharrung auf imperialen Forderungen wird die endgültige Versöhnung und den wahren Frieden für die zerrissene Welt bringen, sondern das Gebet der Gläubigen. Das Gebet ist die geheime Kraft, die zur Versöhnung drängt und führt. Gott segne unser Beten.

Amen

Literaturverzeichnis

Bornewasser, Bischof von Trier: Hirtenwort vom 15. März 1947 f. d. Saargebiet

Dr. C. Gröber, Erzbischof von Freiburg: Hirtenwort vom 18. Januar 1946

Bertelsmann Verlag, Der Zweite Weltkrieg. Bilder, Daten, Dokumente

Günter Böddeker, Die Flüchtlinge. Lübbe Verlag, Bergisch-Gladbach

Yves Brancion, Die Oder-Neiße-Grenze, eine Kriegsgrenze, Seewald Verlag

Bundesminister des Innern, Bonn. Eingliederung der Vertriebenen, Flüchtlinge, Kriegsgeschädigten in der Bundesrepublik Deutschland, Bernecker Verlag, Melsungen

Prof. Dr. Emil Brzoska, Das christliche Oberschlesien. Verlag J. Vienerius, München

Prof. Dr. Emil Brzoska, Ein Te Deum für Kardinal Bertram, Wienand Verl. Köln

Der Große Herder, Lexikon, Die Juden, Freiburg i. Br. 1931

Hamilton Fish, Der zerbrochene Mythos, Grabert Verlag, Tübingen

Dr. Johannes Kaps, Die Tragödie Schlesiens, Christ Unterwegs Verl. München 1952/53

Landsmannschaft der Oberschlesier, Volksabstimmung in Oberschlesien, Laumann Verlag, Dülmen

Hans Georg Lehmann, Der Oder-Neiße-Konflikt, Verlag C. H. Beck, München

Franz Lorenz, Schicksal Vertreibung, Wienand Verlag, Köln

Prof. Dr. Werner Marschall, Geschichte der Bistums Breslau, K. Theiss Verlag, Stuttgart

Bolko Frhr. v. Richthofen/R. R. Oheim, die polnische Legende, Arndt Verl. Kiel

Richard Reitener, Vom Ostwind verweht, das Schicksal von Millionen

Lucius Teichmann, Steinchen aus dem Strom, Wienand Verlag Köln

Wolfgang Scheffler, Judenverfolgung im 3. Reich, Colloquium Verlag Berlin

Verlag der kirchlichen Hilfsstelle München 1950, Vom Sterben Schlesischer Priester

Presse- und Informationsamt der Bundesregierung: Dokumentation zur Ostpolitik der Bundesregierung, Verträge, Vereinbarungen

Königsteiner Studien, Mensch, Heimat, Glaube, eine Dokumentation einer Akademiker-Veranstaltung 19./20. April 1985 im Haus der Begegnung

Inhalt

Ein brüderliches Geleitwort 7

Vorwort 9

Heimat und Heimaterlebnis 11

Die erste Kaplanstelle 21

Antrittsbesuch im Pfarrhaus von Gleiwitz-Petersdorf 33

Die seelsorgliche Tätigkeit in Gleiwitz 37

Der Nationalsozialismus und die Kirche 39

Einquartierung im Pfarrhaus 52

Oberkaplan K. Balzer verläßt die Gemeinde nach vierjähriger
Tätigkeit, seine Nachfolger und die Errichtung der
St.-Elisabeth-Gemeinde 53

Der heilige Berg Oberschlesiens 56

Die Gestapo schlägt zu 73

Urlaub in Bad Reinerz 74

Pater Leppich in Gleiwitz 79

Die Wunderwaffe 83

Dunkle Wolken am östlichen Himmel 88

Die russische Winteroffensive 88

Der Kampf um Gleiwitz 91

Hohe Offiziere im Pfarrhaus 98

Ein unvergeßlicher Besuch 101

Schwere Kämpfe in Richtung Ratibor 103

Die ersten Wochen unter russischer Besatzung 104

Aktion für kinderreiche Familien 107

Eine freudige Nachricht in schwerer Zeit 109

Hausbesuche 110

Eine Predigt vor russischen Soldaten 112

Das Unwesen der Razzien 114

War es ethisch vertretbar? 118

Die Verschleppung tausender Männer in die Sowjetunion . . 120

Im russischen Gefangenenlager Lissimstroj (Donezgebiet)
in der Zeit vom März 1945 bis Oktober 1947 Verstorbene . 129

Unter polnischer Verwaltung 132

Verbot der deutschen Sprache 137

Erregte Diskussion über den Gebrauch der deutschen Sprache
auf der Dekanatskonferenz in Gleiwitz 138

Die katholischen Priester und die Option für Polen 140

Pater Leppich verläßt Gleiwitz 140

Der Tod von Kardinal Bertram 143

Die Erzdiözese Breslau nach dem Tode von
Kardinal Bertram 146

Der polnische Klerus 151

Der Bekennerbischof Dr. Splett 154

Eine Reise nach Waldenburg und Oberschreiberhau 155

Der Apostolische Administrator Dr. Kominek in Gleiwitz . 162

Die Polen und die Juden 164

Die Ausweisung aus der Heimat 167

Die Vorbereitungen für die Ausreise 170

Auf dem Bürgermeisteramt in Gleiwitz 171

Im Pfarrhaus von Thunskirch 175

Auf dem Milizamt in Hultschin 177

Im Transportzug mit polnischen Aussiedlern 180

Die Weiterreise nach Waldenburg, Hirschberg und Lauban . 181

Der letzte Tag in der schlesischen Heimat 183

In Görlitz-West und Berlin 185

Fahrt zur Zonengrenze 186

Als Pfarradministrator in Aub 188

Die Tätigkeit als Lagerpfarrer des Durchgangslagers
Marienthal bei Helmstedt 189

Die Aufnahme der Flüchtlinge und Heimatvertriebenen
in den westlichen Besatzungszonen 195

Die Bemühungen der Kirche, die Vertreibung von 15 Millionen
Menschen aus ihrer Heimat zu verhindern 197

Ein Gang durch die Geschichte Schlesiens.
Schlesien – deutsches Land 200

Werden wir noch in diesem Jahrhundert die Wiedervereinigung Deutschlands und die mögliche Rückkehr in die
schlesische Heimat erleben? 211

Versöhnung mit Polen 216

Literaturverzeichnis 223